Dialogveranstaltungen gestalten, moderieren, weiterentwickeln

Marc-Denis Weitze

Dialogveranstaltungen gestalten, moderieren, weiterentwickeln

Wissenschaft und Öffentlichkeit im Gespräch

Marc-Denis Weitze
acatech
München, Bayern, Deutschland

ISBN 978-3-662-72373-9   ISBN 978-3-662-72374-6 (eBook)
https://doi.org/10.1007/978-3-662-72374-6

Die Deutsche Nationalbibliothek verzeichnet diese Publikation in der Deutschen Nationalbibliografie; detaillierte bibliografische Daten sind im Internet über https://portal.dnb.de abrufbar.

© Der/die Herausgeber bzw. der/die Autor(en), exklusiv lizenziert an Springer-Verlag GmbH, DE, ein Teil von Springer Nature 2025

Das Werk einschließlich aller seiner Teile ist urheberrechtlich geschützt. Jede Verwertung, die nicht ausdrücklich vom Urheberrechtsgesetz zugelassen ist, bedarf der vorherigen Zustimmung des Verlags. Das gilt insbesondere für Vervielfältigungen, Bearbeitungen, Übersetzungen, Mikroverfilmungen und die Einspeicherung und Verarbeitung in elektronischen Systemen.
Die Wiedergabe von allgemein beschreibenden Bezeichnungen, Marken, Unternehmensnamen etc. in diesem Werk bedeutet nicht, dass diese frei durch jede Person benutzt werden dürfen. Die Berechtigung zur Benutzung unterliegt, auch ohne gesonderten Hinweis hierzu, den Regeln des Markenrechts. Die Rechte des/der jeweiligen Zeicheninhaber*in sind zu beachten.
Der Verlag, die Autor*innen und die Herausgeber*innen gehen davon aus, dass die Angaben und Informationen in diesem Werk zum Zeitpunkt der Veröffentlichung vollständig und korrekt sind. Weder der Verlag noch die Autor*innen oder die Herausgeber*innen übernehmen, ausdrücklich oder implizit, Gewähr für den Inhalt des Werkes, etwaige Fehler oder Äußerungen. Der Verlag bleibt im Hinblick auf geografische Zuordnungen und Gebietsbezeichnungen in veröffentlichten Karten und Institutionsadressen neutral.

Planung/Lektorat: Caroline Strunz
Springer Spektrum ist ein Imprint der eingetragenen Gesellschaft Springer-Verlag GmbH, DE und ist ein Teil von Springer Nature.
Die Anschrift der Gesellschaft ist: Heidelberger Platz 3, 14197 Berlin, Germany

Wenn Sie dieses Produkt entsorgen, geben Sie das Papier bitte zum Recycling.

Interessenkonflikt Der/die Autor*in hat keine für den Inhalt dieses Manuskripts relevanten Interessenkonflikte.

Vorwort

Wissenschaftskommunikation hat viele Facetten – Dialog ist eine ihrer schillerndsten. Diese Kurzdarstellung soll mit analytischen Erkenntnissen und praktischen Hinweisen dazu anregen, Dialog zu gestalten.

Die Basis dafür sind langjährige Erfahrungen mit unterschiedlichen Dialogveranstaltungen, insbesondere der Deutschen Akademie der Technikwissenschaften (acatech). So läuft das Format „acatech am Dienstag" bereits seit zehn Jahren – es umfasst mehrere hundert Veranstaltungen mit einer Gesamtteilnehmerzahl deutlich im fünfstelligen Bereich.

Die Veranstaltungen und daraus gewonnenen Erfahrungen wären nicht möglich ohne die beteiligten Dialogpartner: institutionelle Kooperationspartner, Fachleute, die ihr Wissen und ihre Meinungen einbringen, sowie die Teilnehmerinnen und Teilnehmer.

Ortwin Renn ist in Sachen Dialog stets Vorbild und Mentor – sowie Inspirationsquelle zu diesem Thema. Wolfgang C. Goede, Maren Schüpphaus, Christoph Uhlhaas haben Textentwürfe kritisch kommentiert, Ursula Miller hat dem Gesamttext sprachliche und logische Form gegeben: Besten Dank!

Inhaltsverzeichnis

1	**Einleitung**	1
1.1	Zwischen Pluralität und Plauderei	1
1.2	Vorschau, Ziele und Zielgruppen dieses Buchs	3
	Literatur	4

Teil I Hintergrund und Historie

2	**Der lange Weg zum Dialog**	9
2.1	Vom Defizit zum Dialog	9
2.2	Aufbruch zur Jahrtausendwende	10
2.3	Defizit, Dialog, Bürgerbeteiligung und Partizipation – das begriffliche Spannungsfeld	12
2.4	Ernüchterung	14
2.5	Aufrufe der Wissenschaft – an sich selbst	15
2.6	Anspruch und Realität	17
2.7	Ein Plädoyer: Lagerfeuer statt Strohfeuer	18
	Literatur	19

Teil II Modellprojekte: Beispiele und Anregungen

3	**Entwicklung von Dialogformaten der Wissenschaftskommunikation in Deutschland**	25
3.1	Schülerparlament	25
3.2	Wissenschaft debattieren	26

3.3	Bürgerdialog des Bundesministeriums für Bildung und Forschung	29
3.4	Fragen für die Wissenschaft	31
3.5	Wissenschaftsdebatte	32
3.6	Dialog in der Talkshow	33
3.7	Technik gemeinsam gestalten	35
3.8	Technologischen Wandel gestalten	37
3.9	Zwischenfazit	40
	Literatur	40

4 Das Dana Centre 43
- 4.1 Dialog im Dana Centre 43
- 4.2 Indikatoren des Dialogs 44
- Literatur 45

5 Die Reihe „acatech am Dienstag" 47
- 5.1 Das Format 47
- 5.2 Themenbeispiele Energie und Klima 48
- 5.3 Themenbeispiele Medizindaten und Datenschutz 53
- 5.4 Themenbeispiele Ernährung 56
- Literatur 59

6 Raum für „neue" Ideen 61
- 6.1 Wege zur Aktivierung der Teilnehmenden 61
- 6.2 Unterhausdebatte 62
- 6.3 Aufstellung im Raum 63
- 6.4 Intelligence Squared 64

Teil III   Handreichung für die Praxis

7 Planen 69
- 7.1 Ziele und Motive einer Veranstaltung 69
- 7.2 Zielgruppe 70
- 7.3 Thema 71
- 7.4 Welches Format? 72
- 7.5 Termin und Ort 73
- 7.6 Präsenz, online, hybrid 74
- 7.7 Kontroverse Dialogveranstaltungen planen 75
- Literatur 78

8	**Vorbereitung und Gestaltung einer konkreten Veranstaltung**		79
	8.1	Feinplanung und Briefing	79
	8.2	Bestuhlung	82
	8.3	Ankündigung und Kommunikation	86
	Literatur		87
9	**Moderieren**		89
	9.1	Rolle der Moderation: Gastgeber und Vermittler	90
	9.2	Vorbereitung der Moderation	91
	9.3	Während der Veranstaltung	93
	9.4	Störungen und schwierige Situationen	97
	Literatur		100
10	**Beobachten, bewerten, weiterentwickeln**		101
	10.1	Evaluation in der Wissenschaftskommunikation	101
	10.2	Beobachtungen, Fragebögen, Berichte	102
	Literatur		104

Teil IV   Epilog

11	**Mut zum Dialog!**	107

1

Einleitung

> Viele Perspektiven sind nötig, um die von Wissenschaft und Technik durchdrungene Welt um uns herum zu erfassen und zu gestalten.

1.1 Zwischen Pluralität und Plauderei

1.1.1 Pluralität in der Wissenschaft

Wissenschaft liefert Erkenntnis und Orientierung. Allerdings nur selten in Form eindeutiger Fakten und Wahrheiten, sondern meistens verbunden mit Differenzierungen. Die Wirklichkeit ist komplex und das Wissen darum immer mit Unsicherheit und Ambiguität verbunden. Es sind daher viele Perspektiven nötig, um die von Wissenschaft und Technik durchdrungene Welt um uns herum zu erfassen und zu gestalten [1] [2].

Wie gehen wir in Gesellschaft und Politik um mit der Vielfalt an Möglichkeiten, die uns Wissenschaft und Technik bieten? Nur im Dialog lassen sich Wissensansprüche, Interessen, Werte, Präferenzen zusammenbringen und Kontroversen verhandeln – mit den Stimmen aller interessierten gesellschaftlichen Gruppen. Dabei lässt sich mitunter ein Konsens finden, mitunter bleibt eine Pluralität von Meinungen bestehen – wobei bereits die Wahrnehmung dieser Pluralität im Sinne von Perspektivenerweiterung einen Eigenwert hat.

1.1.2 Information, Dialog und Plauderei

Information ist Grundlage für jeden Dialog über Wissenschaft und Technik. Dialogische Kommunikation trägt umgekehrt zum besseren Informationsaustausch bei: Durch Nachfragen können Informationsbedürfnisse geäußert werden, die Verständlichkeit angepasst und Inhalte angeglichen werden an gemeinsame Erfahrungen, Vorwissen und Lebenswelt. Missverständnisse können ebenfalls ausgeräumt werden – auf beiden Seiten.

Wissenschaftskommunikation entwickelt sich seit Jahrzehnten fort, von reinen Informations- und Erklärformaten hin zu Dialogangeboten. Zwar kann Information allein den Horizont erweitern und zur Meinungsbildung beitragen (soweit die Information nicht einseitig oder persuasiv daherkommt). Dialog bedeutet aber mehr: Unterredung und Gespräch, etwa in Abgrenzung zum Monolog. Mit Dialog in der Wissenschaftskommunikation setzt man sich insbesondere ab von einer Kommunikation, die die Bevölkerung einfach nur „mitnimmt", wie Ortwin Renn formuliert (https://www.wissenschaftskommunikation.de/die-ambivalenz-der-technik-muss-aktiv-kommuniziert-werden-73637/): „Mitnehmen bedeutet passive Überzeugungsarbeit, Mitwirkung heißt aktives Engagement … . Es geht darum, Menschen die Gelegenheit zu geben, ihre Lebenswelt mitzugestalten."

Stellt man Information und Dialog einander gegenüber, so bedeutet Dialog: Das Ergebnis steht nicht von vorneherein fest. Kommen wir zu einem Konsens? Wird ein Dissens sichtbar? Alle Beteiligten können etwas beitragen – und alle lernen und erfahren etwas Neues, erweitern ihre Perspektive. Beim Dialog geht es zudem um den Austausch und die Bildung von Meinungen, Gedanken, Überzeugungen und auch Gefühlen. Dabei kann die eigene Meinung gefestigt oder herausgefordert werden.

Dialog ist weder der einzige Weg noch der Königsweg in der Wissenschaftskommunikation: Alle in den Dialog über neue Technologien einbeziehen zu wollen, wäre eine Überforderung; nur auf die Wirkung von Information zu setzen, bleibt dagegen eine Illusion. Erst die richtige Mischung zwischen wissenschaftlicher Analyse, Information, öffentlichem Diskurs und prozessorientierter Öffentlichkeitsarbeit macht den Erfolg der Kommunikation aus und wird den Erfordernissen einer sozialen Technikgestaltung gerecht ([3], S. 272).

In diesem Buch soll es primär um Dialoge von Wissenschaft und Öffentlichkeit gehen, deren Ergebnisse nicht unmittelbar in die Politik gespeist werden [4]. Also alles nur Plauderei?! Das klingt zunächst abwertend, ist aber keineswegs so gemeint: Solch eine Plauderei bietet einen wichtigen Reflexionsraum zu wissenschafts- und technikbezogenen Fragen. Hier treffen sich Menschen an einem Ort, tauschen sich aus, wägen Argumente ab – aufmerksam und interaktiv. Wissenschaft und Technik werden zum Gesprächsthema, wie Fußballspiele oder Opernsinszenierungen. Sie sind nicht ein fremder Bereich, sondern Teil der Gesellschaft. Und wer miteinander im Gespräch ist, kann sich auch über schwierige und kontroverse Themen verständigen.

Wissenschafts- und Technikkommunikation bei acatech
Viele Beispiele in diesem Buch sind dem Umfeld von Veranstaltungen der Deutschen Akademie der Technikwissenschaft (acatech) entnommen. Dabei ist das Verständnis von Technikkommunikation bei acatech wie folgt zu beschreiben:

„Unerlässliche Voraussetzung für die Entwicklung und Einführung Neuer Technologien ist ein gelingender Dialog zwischen Wissenschaft und Öffentlichkeit. … Dabei kann es nicht um Akzeptanzbeschaffung für einzelne Technologien gehen. Vielmehr sieht es die Deutsche Akademie der Technikwissenschaften als ihre Aufgabe, den Einsatz von Technik und die Entwicklung neuer Technologien in einem umfassenden Prozess der Abstimmung von Wissensansprüchen, Interessen, Werten und Präferenzen unter Einbeziehung aller interessierten gesellschaftlichen Gruppen nach Maßgabe der wissenschaftlichen und technischen Möglichkeiten zu gestalten. Technikaufgeschlossenheit bei den Dialogpartnern ist hier eine Voraussetzung ([5], S. 8)."

Zu diesem umfassenden Abstimmungsprozess tragen Analysen wie das Technik-Radar bei, das „Fehlentwicklungen des technologischen Wandels rechtzeitig erkennen oder auf Kommunikations- bzw. Dialogbedarf hinweisen" kann (https://www.acatech.de/projekt/technikradar/, 24.7.2025). Und zu diesem Abstimmungsprozess tragen vielfältige Dialogangebote bei: Es gibt Termine und Orte des kontinuierlichen Austauschs, ein Beispiel dafür ist „acatech am Dienstag" (Kap. 5), www.acatech.de/dienstag.

1.2 Vorschau, Ziele und Zielgruppen dieses Buchs

Nach Darlegung von Hintergrund und Historie des Dialogs in der Wissenschaftskommunikation (Teil I) werden einige Beispiele vorgestellt und kritisch diskutiert (Teil II). Diese dienen auch als Anregung, neue und eigene Formate zu entwickeln. Eine Handreichung für die Praxis (Teil III) erläutert schließlich die Planung, Vorbereitung und Durchführung von eigenen Dialogveranstaltungen. Dabei geht es um folgende Themen:

- Ziele von Dialogveranstaltungen zu aktuellen, insbesondere kontroversen Wissenschafts- und Technikthemen definieren,
- Rolle der Moderation verstehen und definieren,
- Dialogveranstaltungen vorbereiten und gestalten,
- schwierige Situationen meistern,
- Anregungen zur Weiterentwicklung des Dialogs von Wissenschaft und Öffentlichkeit geben.

Es werden mit der Handreichung keine Patentrezepte vorgestellt, aber Möglichkeitsräume skizziert und Herausforderungen thematisiert. Das Buch schließt ab mit Überlegungen zur Weiterentwicklung dialogischer Wissenschaftskommunikation (Teil IV).

Gedacht ist das Buch für alle, die Dialogveranstaltungen bereits moderieren oder moderieren möchten, für diejenigen mit wenig oder bereits einiger Erfahrung mit Dialogveranstaltungen. Auch Profis sollen neue Anregungen für ihre Arbeit finden.

Man muss das Buch nicht von vorne bis hinten lesen, sondern kann zu Beispielen oder zur Handreichung springen. Und spätestens dann werden Leserinnen und Leser eigene Dialogveranstaltungen zu aktuellen Themen aus Wissenschaft und Technik konzipieren und durchführen wollen. Das erste Mal ist immer ein Sprung ins kalte Wasser, aber mit etwas Hintergrund und ein paar Tipps fällt es leichter, überflüssige Fehler zu vermeiden. Und bald wird man eigene Ideen entwickeln und ausprobieren.

Der Unterschied zwischen informierender Wissenschaftskommunikation und einem Dialog von Wissenschaft und Öffentlichkeit ist in seiner Bedeutung und Konsequenz längst nicht allen Kommunikatoren klar. Dies wird im folgenden Kapitel dargestellt.

Literatur

1. Renn O (2025) Kommunikation und Glaubwürdigkeit von Wissenschaft und Politik in der Coronakrise. In: Markschies CJ, Haug GH (Hrsg) Multiple Krisen der Gegenwart. Verlag Herder, Freiburg, S 191–202
2. Strohschneider P (2024) Wahrheiten und Mehrheiten. Kritik des autoritären Szientismus. Beck, München

3. Weitze MD, Heckl WM (2016) Wissenschaftskommunikation. Springer, Heidelberg
4. Davies S, McCallie E, Simonsson E, Lehr J, Duensing S (2008) Discussing Dialogue: Perspectives on the Value of Science Dialogue Events that do not Inform Policy. Public Underst Sci 18(3):338–353
5. acatech (Hrsg) (2012) Perspektiven der Biotechnologie-Kommunikation. acatech POSITION. Springer, Heidelberg

Teil I

Hintergrund und Historie

2

Der lange Weg zum Dialog

> Der wechselseitige Austausch von Wissenschaft und Gesellschaft wird seit Jahren beschworen. Aber funktioniert der Dialog – oder fallen wir zu oft zurück ins Defizitmodell? Wollen wir gesellschaftliche Lagerfeuer etablieren? Oder begnügen wir uns mit Strohfeuern?

2.1 Vom Defizit zum Dialog

Im 17. Jahrhundert haben Forscher die Diskussionen mit der Öffentlichkeit zu Wissenschaftsthemen mit „maunderings of a babbling hag" verglichen (zitiert nach [1], S. 883). Seit dem 18. Jahrhundert herrschte in Wissenschaft und Kommunikation weitgehend der Geist des „Public Understanding of Science" (vgl. [1], S. 10 ff.): Die Wissenschaft definiert den Stand des Wissens. Dieses Wissen wird in vereinfachter und kondensierter Form an die Öffentlichkeit weitergegeben, deren Rolle die eines passiven Empfängers ist.

Die Verknüpfung von Wissenschaft und Öffentlichkeit, bei der die Wissenschaft einseitig Fakten setzt und die Öffentlichkeit als uninformiertes Publikum dargestellt wird, wird als Defizitmodell beschreiben. Die Öffentlichkeit wäre demnach ein leeres Gefäß, das darauf wartet, gefüllt zu werden mit wissenschaftlichen Fakten [7]. Ihr Wissensstand und die Fähigkeit zum Verstehen ist und bleibt (im Vergleich zu und gegenüber der Wissenschaft) stets defizitär. Die Öffentlichkeit bleibt passiv, soll Wissenschaft und neue

Technologie würdigen und verstehen, im Idealfall begeistert oder fasziniert sein – und widerspruchslos akzeptieren.

Information ist Grundlage für jeden Dialog: Viele Menschen wollen verstehen, was und woran geforscht wird. Und aus Begeisterung kann sogar ein Berufswunsch entstehen. Dennoch kann Wissenschaftskommunikation nicht allein als Einbahnstraße (von der Wissenschaft hin zur Öffentlichkeit) funktionieren, und die Öffentlichkeit ist kein Gefäß, das die Wissenschaft mit ihren Früchten füllt: Denn ebenso wichtig wie das Verständnis sind in demokratischen Gesellschaften gesellschaftlicher Austausch, Verständigung und Aufeinander-Zugehen zu wissenschafts- oder technikbezogenen Zukunftsthemen und Rückmeldungen aus der Gesellschaft an die Wissenschaft. So ist „Dialog" seit Jahrzehnten ein Schlüsselbegriff der Wissenschaftskommunikation (vgl. [2, 4]). Und es gilt: „For the scientific community, its ‚licence to practise' can no longer be assumed – the extension of this licence comes about through processes that include public engagement and dialogue" ([5], S. 174).

In der empirischen Forschung zum Akzeptanzverhalten zeigt sich deutlich, „dass mehr Wissen selten zu mehr Akzeptanz, sondern bestenfalls zu differenzierten Einsichten und Urteilen führt, und emotionale Aspekte bei der Beurteilung von Techniken immer eine wichtige Rolle spielen. Dies gilt für alle Beteiligten: für diejenigen, die einen Technikeinsatz befürworten, ebenso wie für diejenigen, die ihn ablehnen oder ihm mit Skepsis begegnen" ([6], S. 63). Daher betrachtet acatech Technikkommunikation „als Form der gesellschaftlichen Auseinandersetzung um die Identifikation von Nutzen und Risiken von Techniken und deren Gewichtungen für ein ausgewogenes Urteil" ([6], S. 63).

Bei der Konzeption von Technikkommunikation kommt es demnach darauf an, „ein Angebot zu schaffen, das die Beiträge der Wissenschaft zur Meinungsbildung von Bürger:innen als Ressource bereitstellt, ohne Schlussfolgerungen des Meinungsbildungsprozesses vorwegzunehmen." Und wie prüft man das? „In einer Evaluation technologiebezogener Kommunikationsaktivitäten wäre demzufolge zu messen, ob diese die Qualität von Meinungsbildungsprozessen verbessern, und nicht, ob sie Einstellungen zu technologischen Innovationen zum Positiven verändern oder Vertrauen in Wissenschaft und Technik erhöhen" ([6], S. 64).

2.2 Aufbruch zur Jahrtausendwende

Vor einem Vierteljahrhundert herrschte Aufbruchsstimmung in Deutschland. Nach dem PUSH-Memorandum im Jahr 1999 (https://www.stifterverband.org/ueber-uns/geschichte-des-stifterverbandes/push-memorandum) sprossen in Deutschland Initiativen aus dem Boden, wuchsen Kommunikationsabteilungen in Hochschulen und Forschungseinrichtungen. Auch hier ging es noch um Public Understanding, also um das Beheben von Defiziten. Gleichzeitig jedoch wurde die Parole „vom Defizit zum Dialog" lauter. Im Jahr 2000 wurde „Wissenschaft im Dialog" (WiD) als gemeinsame Unternehmung der Wissenschaft institutionalisiert: „WiD hatte zunächst das Ziel, die Bereitschaft von Forschenden zu fördern, ihre Forschungsarbeit zu erklären und das Interesse an Wissenschaft in der Bevölkerung zu wecken. Im Verlauf der Zeit gewann der Dialog zu kontroversen und gesellschaftlich relevanten Themen an Bedeutung. Die Intention bestand nun darin, Bürger*innen aktiv in die Diskussion einzubeziehen, anstatt sie lediglich als Empfänger*innen von Informationen zu sehen" (https://wissenschaft-im-dialog.de/uber-uns/geschichte-meilensteine/).

Doch wie konkret können Bürgerinnen und Bürger bei Wissenschaftsthemen ihre Wünsche und Befürchtungen äußern, ihre Erwartungen geltend machen? Das war bereits damals eine wichtige Frage. Dass man hier nicht bei null starten musste, wusste auch der damalige Präsident der Berlin-Brandenburgischen Akademie der Wissenschaften, Dieter Simon ([6], S. 3): „Vermutlich wäre die gesamte Debatte ... nicht schlecht beraten, wenn sie vor der Suche nach neuen Einfällen zunächst einmal die über viele Jahrzehnte gemachten amerikanischen Erfahrungen und Frustrationen ... sichten und reflektieren würde."

„Konsensuskonferenzen", „Science Engagement", „Science Dialogue" lauteten bereits damals die relevanten Stichworte und Formate, die zumeist aus dem angloamerikanischen Raum stammten und an die man anknüpfen konnte. Konsensuskonferenzen [8] beispielsweise entstanden in den 1980er-Jahren als Instrument der informellen Bürgerbeteiligung, um auch nichtorganisierte Bürger in politische Entscheidungsprozesse einzubeziehen. Konsensuskonferenzen und Bürgergutachten wurden vonseiten der Politik (auf kommunaler oder auf nationaler Ebene) initiiert, und deren Ergebnisse sollten direkt in den politischen Prozess einfließen: Wo soll die Windkraftanlage gebaut werden? Wie gehen wir mit den Möglichkeiten der Gendiagnostik um?

In Deutschland wuchs mit den Jahren der Schatz an Erfahrungen, mit Wissenschaftssommern, Aktivitäten wie „Wissenschaft debattieren" mit Formaten wie dem „Junior Science Café" (Abschn. 3.2) sowie Bürgerdialogen (Abschn. 3.3). So fand die Dialogrhetorik weiter Verbreitung. Freilich stellte sich bald die Frage, wer denn mitreden soll und darf. Ist ein – wie auch immer geartetes – Propädeutikum notwendig? Tatsächlich beherrscht bis heute ein Mythos weite Teile der Wissenschaft, *The Myth of Scientific Literacy* (so der Titel des Buches aus dem Jahr 1995, [9]): Dieser Mythos behauptet, dass man alle Bürgerinnen und Bürger mit dem erforderlichen naturwissenschaftlichen Grundwissen ausstatten muss, bevor sie informiert über Energiewende, Impfpflicht oder Tierversuche mitreden könnten. Aber wäre das nicht ein merkwürdiges Dialogverständnis, wenn eine Seite (hier: die Wissenschaft oder Politik) entscheiden soll, wer mitredet?

In diesem Spannungsfeld, zwischen Aufklärungs- und Erziehungsansätzen im Geiste des Defizitmodells auf der einen Seite und ernsthaften Bemühungen um den Dialog auf der anderen Seite, bewegt sich seitdem die Wissenschaftskommunikation.

2.3 Defizit, Dialog, Bürgerbeteiligung und Partizipation – das begriffliche Spannungsfeld

2.3.1 Dialog auf dem Marktplatz?

Die Idee des Dialogs wird gerne auf die Gespräche zurückgeführt, „die Sokrates in der zweiten Hälfte des 5. Jh. v. Chr. mit Bürgern Athens – jungen Männern, Intellektuellen (Sophisten), Politikern und Handwerkern – auf dem Marktplatz führte". Es ging dabei um die Suche nach Wahrheit, dem „Gebot einer autonomen Vernunftorientierung, die sich nicht von bloßer Tradition, von verbreiteten Vorurteilen, von der Meinung der Menge, von Gefühlen, von Autoritäten usw. leiten lässt" (https://www.spektrum.de/lexikon/philosophie/sokratisches-gespraech-sokratisch-platonischer-dialog/1890).

Der Dialog auf dem Marktplatz, „Marktstände der Wissenschaft" auf Wissenschaftstagen – das sind bis heute beliebte Bilder, um Bürgernähe zu demonstrieren. Auf einen solchen Marktplatz müsse sich die Wissenschaft in der modernen Demokratie heute begeben: „Dort, auf der Agora, geraten politische, wirtschaftliche, gesellschaftliche, kulturelle und eben auch wissenschaftliche Interessen aufeinander. Dort muss die Wissenschaft zusammen mit der Öffentlichkeit – nicht nur mit der Industrie, was sie seit langem tut – aushandeln, was zu forschen ist und was nicht" [10]. Aber hier kommen rasch Probleme asymmetrischer Kommunikationsbedingungen ins Spiel: Jemand (sozusagen ein Sokrates) initiiert und führt das Gespräch. Das Publikum hört zu und darf mitdenken. Und wen trifft man heute überhaupt auf dem Marktplatz an? Alle Bürger, wie zu Sokrates' Zeiten? Der Marktplatz als Metapher macht bereits zentrale Herausforderungen des Dialogs deutlich.

2.3.2 Stufen der Bürgerbeteiligung

Informieren und zuhören, mitdenken und mitreden – es gibt viele Abstufungen zwischen Defizit und Dialog. Mitgestalten und Mitentscheiden (etwa bei der Priorisierung der Finanzierung von Forschungsvorhaben) geht nochmals darüber hinaus. Verwendet man das Bild einer „Leiter der Bürgerbeteiligung" [11], so beginnt man unten mit „Information", geht weiter nach oben zum „Dialog" und bewegt sich entlang verschiedener Grade (oder: Sprossen) bis hin zur „Partizipation". Partizipation versteht man dabei als „Teilnahme von Bürgern an politischen Planungs- und Entscheidungsprozessen" ([12], S. 147), etwa der Priorisierung der Finanzierung von Forschungsvorhaben oder anderen Fragen der Technikgestaltung.

Bei allen Formaten der Partizipation geht es gemäß Ortwin Renn und Pia Schweizer um drei grundlegende Fragen [13]:

- Wer und was wird in die Beratungen einbezogen (Inklusion)?
- Nach welchen Regeln und Prozessen wird verhandelt und ein Ergebnis erarbeitet (Closure)?
- Was passiert mit diesem Ergebnis (Transfer)?

In jüngster Zeit sind vor allem Bürgerräte (auch Bürgerforen oder Minipublics genannt) in den Fokus geraten, bei denen nach dem Zufallsprinzip ausgewählte Bürger und Bürgerinnen (Inklusion) im Rahmen deliberativer Verhandlungen mit einem Konsens oder einem von einer starken Mehrheit getragenem Votum (Closure) Handlungsempfehlungen an Entscheidungsträger und -trägerinnen in Wirtschaft, Politik und Gesellschaft weiterleiten (Transfer).

Solche Bürgerräte sind nur ein Format im breiten Spektrum der Formate, um die Bürgerschaft, aber auch Stakeholder oder besonders betroffene Bevölkerungsgruppen in den Diskussions- und Entscheidungsprozess einzubeziehen. Gelingensbedingungen bei solchen Verfahren, zu denen Fairness, Transparenz, Kompetenz und Effizienz gehören, arbeiten Ortwin Renn, Christina Benighaus et al. heraus [14]. Ergebnisoffenheit und Neutralität kommen hinzu ([6], S. 68).

2.3.3 Partizipation als Oberbegriff

Partizipation wird mitunter auch als Oberbegriff von Informations- und Dialogvarianten und -ansprüchen verwendet. So lassen sich verschiedene Formen der „Partizipation" nach ihren Zielen einordnen ([15], S. 126)

- als Politikberatung und für Entscheidungsprozesse, z. B. bei Konsensuskonferenzen,
- zur Wissensproduktion, z. B. Citizen Science, und
- als Selbstzweck (keineswegs abwertend gemeint), z. B. Science Cafés.

Ähnlich beschreibt die Factory WissKomm ([16], S. 56) „drei grundlegende Formen der Partizipation in der Wissenschaft …:

1. Partizipation in Bezug auf Ziele, Agenda, Governance, Rahmenbedingungen von Forschung (z. B. Bürger:innen-Dialoge, Konsensuskonferenzen, Konsultationen, Beteiligung von Stakeholder:innen in entsprechenden Gremien)
2. Partizipation als direkte Beteiligung an Forschung (z. B. Citizen Science, Open Science)
3. Partizipation im Sinne von Erleben, Mitmachen, Mitdiskutieren als wechselseitiges Lernerlebnis für alle Beteiligten (z. B. in Science Centern, Schüler:innen-Laboren)

In der Praxis können sich diese drei Formen überschneiden und ergänzen." Dementsprechend sind die Gelingensbedingungen, Möglichkeiten und Herausforderungen von Plauderei und Dialog auf der einen Seite sowie formellen und informellen Verfahren der Bürgerbeteiligung auf der anderen Seite in weiten Teilen deckungsgleich – ein Voneinander-Lernen und Austausch (z. B. hinsichtlich Veranstaltungsformaten) bietet sich an.

2.4 Ernüchterung

Die Kluft zwischen Wissensproduzenten auf der einen Seite und Nutzern bzw. der Bürgerschaft auf der anderen Seite sollte überbrückt werden – doch trotz aller Bemühungen um „Dialog" scheint sie weiter zu wachsen: „Viele innovative Anwendungen von Wissenschaft und Technik finden keine öffentliche Unterstützung – und zwar unabhängig davon, was die wissenschaftliche Betrachtung zum Risiko bestimmter Anwendungen sagt", musste man im Jahr 2013 feststellen: Viele Menschen sind fixiert auf die Risiken und Unwägbarkeiten neuer Entwicklungen, ohne deren Chancen zu sehen ([17], S. 11 f.).

Ähnlich ernüchternd fiel eine Zwischenbilanz zu Dialog in der Wissenschaftskommunikation im Jahr 2014 aus ([18], S. 9): „Tatsächlich ist eine auf gegenseitiges Lernen hin ausgerichtete Dialogkultur bis heute nur in Ansätzen zu beobachten. … die Werbeformate …, die sich zumeist an ein unspezifisches Massenpublikum richten und dessen Akzeptanzbereitschaft erhöhen sollen, erreichen das Ziel dialogischer Wissenschaftskommunikation und eine intensivierte Partizipation genau nicht." Viele Sonntagsreden, die bis dahin gehalten wurden, viele Papiere, die zu dem Zeitpunkt bereits verfasst worden waren – anscheinend waren sie nicht besonders wirkungsvoll. Wissenschaftskommunikation funktioniert bis heute [anno 2013, aber auch 2025] vorwiegend in eine Richtung: „Das Gegenüber [von Wissenschaft] – die Gesellschaft – hat die Botschaften freundlich entgegenzunehmen. Gegenrede, Widerspruch, Diskussion sind nicht vorgesehen" ([19], S. 41). Das Akronym „PUSH" scheint weiterhin wörtlich genommen zu werden. Wissenschaftliche Inhalte werden der Öffentlichkeit aufgedrängt.

Ernüchterung hatte sich damals auch bezüglich „neuer" Medien breitgemacht, die mit großen Versprechungen zu Dialog und Demokratie angetreten waren: „Wie fast immer bei der Einführung neuer Technologien folgen der digitalen Medialisierung der Wissenschaft zunächst euphorische Begeisterung auf der einen und Schreckensszenarien auf der anderen Seite" ([20], S. 7). „Vor allem die Möglichkeiten eines direkten Dialogs haben zunächst zu einer euphorischen Rezeption von Social Media geführt, deren Versprechen unter anderem eine umfassende Demokratisierung der Gesellschaft war. Demnach sollten gerade Social Media die Möglichkeit bieten, eine engere und persönlichere Beziehung zwischen Politik (aber auch Wissenschaft) und Bevölkerung aufzubauen. … Inzwischen [hier also 2017] beginnt die Euphorie gegenüber Social Media einer gewissen Ernüchterung zu weichen, die sich mit der Erfahrung auch dysfunktionaler Kommunikationsformen (Hasskommunikation, Fehlinformation, Bildung geschlossener Netzwerke etc.) eingestellt hat" ([20], S. 13).

2.5 Aufrufe der Wissenschaft – an sich selbst

Die Einschätzungen verschiedener Akteure in Wissenschaft und Wissenschaftskommunikation zeigen heute (2025) gleichermaßen Bedarf und Herausforderungen dialogorientierter Wissenschaftskommunikation:

So sieht der Wissenschaftsrat einen wichtigen Beitrag der Wissenschaft darin, „die Bedingungen und Möglichkeiten unterschiedlicher Beteiligungsformen zu untersuchen und dafür Experimentierräume zu schaffen" ([21], S. 27). So bemerkte die Sozialwissenschaftlerin Jutta Allmendinger 2019, dass sich soziale Gruppen, deren Mitglieder homogen in ihren Meinungen und Lebenswelten sind, viel zu wenig über Gruppengrenzen hinweg austauschen [22]: „In dem Aufeinandertreffen mit Menschen anderer Bildungs- und Soziallagen, anderer religiöser und kultureller Hintergründe erweitert sich der Erfahrungsbereich der Menschen, entwickeln sich Eindrücke, die die Identität der Menschen verändern und sie aus ihrem traditionellen Rahmen lösen."

Die vom Forschungsministerium initiierte Factory WissKomm soll die Wissenschaftskommunikation in Deutschland weiterentwickeln und bemerkt durchaus selbstkritisch ([16], S. 56, Hervorhebungen MDW): „Das bislang vorherrschende ‚Defizit-Modell' mit seinem ausschließlichen Fokus auf Informationsvermittlung in nur eine Richtung bildet weiterhin für viele Akteur:innen den Eckpfeiler des Kommunikations- und Wissenschaftsverständnisses" und benennt konkrete Herausforderungen ([16], S. 57): „Wenn partizipative Wissenschaftskommunikation den demokratischen Anspruch an Teilhabemöglichkeiten einlösen will, müssen Einladungen und Angebote so divers sein, dass sie auf möglichst breite Resonanz stoßen. Bisherige Angebote – auch partizipativ angelegte – *erreichen meist nur einen kleinen Teil der Bevölkerung*. … Auch die Ausrichtung der partizipativen Wissenschaftskommunikation muss überdacht werden. Zu oft ist sie noch *ausschließlich als Top-down-Prozess* aus der Wissenschaft und/oder Politik heraus angelegt. Wie können daneben auch Bottom-up-Vorschläge und Teilhabewünsche aus der Gesellschaft berücksichtigt werden, die nicht von der Wissenschaft initiiert worden sind (sogenannte unaufgeforderte Partizipation)?"

Die „Allianz der Wissenschaftsorganisationen" schließlich sieht in einer Stellungnahme zur Partizipation in der Forschung (aus dem Jahr 2022) folgende Potenziale von Partizipation (https://www.allianz-der-wissenschaftsorganisationen.de/themen-stellungnahmen/partizipation-in-der-forschung/):

- „die Perspektivenvielfalt in der Forschung durch die Rückkoppelung mit gesellschaftlichen Fragen und Sichtweisen erhöhen,
- die Wissensbasis z. B. in Bezug auf Praxiswissen und im Bereich der Datenerhebung erweitern und damit auch zur Ausweitung von Datenbeständen beitragen,
- die gesellschaftliche Anschlussfähigkeit von Innovationsprozessen – von der Forschung und Entwicklung bis hin zur Nutzung – und damit ihre Chancen auf Diffusion und Anwendung stärken,
- Bürgerinnen und Bürgern einen fundierteren Einblick in die Forschung und ihre Prozesse ermöglichen,

- Neugier und Interesse von Bürgerinnen und Bürgern an Wissenschaft wecken und vertiefen und damit den Ausbau einer wissensbasierten Gesellschaft fördern sowie
- zu mehr Transparenz und Offenheit von Forschungsprozessen und dadurch zur Akzeptanz von Wissenschaft in der Gesellschaft beitragen."

2.6 Anspruch und Realität

Peter Weingart et al. haben unlängst betont, dass Begriffe wie „public engagement with science" immer wieder beschworen, aber zunehmend verwässert werden ([23], S. 24). Auffällig auch das Paradox dieser Rhetorik zu „public engagement" seitens der Wissenschaft: „the engagement that is supposed to be a dialogue at eye level between scientists and the public is nevertheless initiated and orchestrated by scientists, their organizations, or governments" ([23], S. 2).

Die Wissenschaft initiiert und führt also den Dialog – wie einst Sokrates auf dem Marktplatz. Aber kann überhaupt Dialog entstehen, wenn eine Seite (hier: die Wissenschaft) Themen setzt, Formate definiert, einlädt und möglicherweise noch bestimmt, wer mitreden darf?

So ist zu fragen, wo wir heute stehen beim Dialog von Wissenschaft und Gesellschaft – jenseits der Strategiepapiere und Sonntagsreden: Haben sich die Zeiten tatsächlich gewandelt oder sind wir teilweise noch im Geist des 18. Jahrhunderts gefangen, nach dem Wissenschaft die Sonne ist, die Licht und Wärme spendet (angelehnt an eine aus der Aufklärung stammende Metapher „Science is a sun", zit. n. [24])?

Über was und mit wem sprechen wir, und über was und mit wem sprechen wir nicht? Welche Perspektiven werden gewählt – und von wem? Ist der Dialog suggestiv, stehen Ergebnisse schon fest? Werden bestimmte Möglichkeitsräume tabuisiert? Ist das Ganze eine Einmalaktion oder ein Strohfeuer, ernsthaftes Suchen von Dialog oder bloßes Alibi? Kann das skaliert werden, also können mehr als nur ein paar Teilnehmende von wenigen Veranstaltungen erreicht werden?

So vielfältig Wissenschaftskommunikation heute ist, so bunt die Formate sind – die einschlägigen Events, Social-Media-Posts und Videos folgen immer wieder der Einbahnstraße vom Sender zum Empfänger. Dialog wird zwar oft als strategisches Ziel genannt, kommt aber nur selten in der Praxis an (vgl. [25]). „Überladene Erwartungen und falsche Versprechungen" sind ein notorisches Problem ([26], S. 58).

Noch viel zu oft sind „Dialogveranstaltungen" vorwiegend Informationsformate, z. B. Vorträge mit anschließender Möglichkeit, Fragen zu stellen. Und wenn Wissenschaftler auf den Marktplatz, in Bahnhöfe, Kneipen, Supermärkte oder Vereinsheime ausschwärmen, so ist das Resultat nicht automatisch ernst gemeinter und ergebnisoffener Dialog.

2.7 Ein Plädoyer: Lagerfeuer statt Strohfeuer

Mit „Dialog" etikettierte Aktivitäten der Wissenschaftskommunikation sollten nicht zurückfallen in das Defizitmodell, Werbebotschaften an ein unspezifisches Publikum senden, nach Wertschätzung und Akzeptanz für Wissenschaft suchen oder einen „autoritären Szientismus" [27] pflegen. Das wäre einerseits Etikettenschwindel. Andererseits würde sich dadurch Vertrauen abnutzen und die Ansicht verbreiten, dass die Wissenschaft gar nicht ernsthaft an Dialog interessiert sei.

Vor dem Hintergrund dieser Erfahrungen, Analysen und Herausforderungen beobachte ich immer wieder mit Interesse, wie mit Elan „neue" Formate der Wissenschaftskommunikation aus der Taufe gehoben werden, die Dialog zum Ziel haben. Das ist im Ansatz lobenswert, zumal reale Orte zum Austausch in einer polarisierten Gesellschaft dringend notwendig sind. Aber viele dieser Initiativen halten leider nicht lange, laufen nur vorübergehend, sind Strohfeuer, deren Wirkung schnell verpufft: Es gibt dann bestenfalls einen interessanten Austausch.

Das liegt oftmals daran, dass Grundregeln der Wissenschaftskommunikation nicht berücksichtigt werden: Ziele (Abschn. 7.1) und Zielgruppen (Abschn. 7.2) bleiben diffus, Missverständnisse in der Kommunikation zwischen Experten und Laien, die sich schon durch unterschiedliche Kenntnisstände und Argumentationsmuster ergeben, werden nicht angegangen. Veranstaltungen, die Dialog bieten sollten, fallen allzu oft zurück ins Defizitmodell, an das sich alle so gewöhnt haben.

Besser als solche Strohfeuer wären dauerhafte Lagerfeuer: Orte, an denen regelmäßig Dialog stattfindet (https://www.wissenschaftskommunikation.de/warum-der-wunsch-nach-dialog-oft-scheitert-81975/). Wie diese zu gestalten sind, zeigen einige Beispiele in den folgenden Kapiteln (Teil II) und die Handreichung (Teil III). Bei diesem Dialog am Lagerfeuer sollte man aber nicht dem Missverständnis unterliegen, dass Wissenschaft im Zentrum steht. Vielmehr sollte sie einen der Plätze einnehmen neben den anderen gesellschaftlichen Gruppen mit ihren jeweiligen Interessen und Werten. Dann kann man ins Plaudern kommen.

Nehmen wir den Megalopolis-Aufruf „Keine Zukunft ohne Vision und Dialog!" (siehe Kasten „Keine Zukunft ohne Vision und Dialog!") ernst, sollten wir zurückblicken, also gewonnene Erfahrungen und Analysen nutzen. Bei der Konzeption von Dialogveranstaltungen geht es insbesondere darum, die Kommunikationsziele zu formulieren, Methoden und Formate daran anzupassen (idealerweise beraten durch Forschende zur Wissenschaftskommunikation) – und im Nachgang transparent und kritisch die Zielerreichung und Ergebnisse zu reflektieren. Davon handeln die folgenden Kapitel.

Um von der Theorie zur Praxis zu kommen, stellt der folgende Teil konkrete Beispiele aus dem Markt der Dialogmöglichkeiten vor.

Keine Zukunft ohne Vision und Dialog!
„Megalopolis", der Film von Francis Ford Coppola aus dem Jahr 2024, lädt ein zum Nachdenken über Utopien im Spannungsfeld von Technik und Gesellschaft.

Aber meint es der Architekt und Nobelpreisträger im Film, Cesar Catilina, ernst mit dem von ihm geforderten Dialog um die Zukunft?

Wer formuliert die Visionen, auf Basis der bekannten wissenschaftlichen und technischen Möglichkeiten? Wie genau werden in diesem Dialog Wissensansprüche, Interessen, Werte und Präferenzen abgestimmt – unter Einbeziehung aller interessierten gesellschaftlichen Gruppen?

Geht es im Film am Ende nur darum, den Menschen eine fertige Zukunftsvision näherzubringen, in der mit dem Wundermaterial „Megalon" neue Städte gebaut werden – und letztlich das Zusammenleben der Menschen vorbestimmt ist? Oder bleibt der Dialog um die Entwicklung und den Einsatz von Technik offen und eröffnet Möglichkeitsräume?

Literatur

1. NN (2004) Going public. Nature Bd 431, S 883
2. Weitze MD, Heckl WM (2016) Wissenschaftskommunikation. Springer, Heidelberg
3. Gregory J, Miller S (1998) Science in public. communication, culture, and credibility. New York; London: Plenum Trade
4. Leshner AI (2003) Public Engagement with Science. Science, 14 Feb 2003, 299(5609): 977
5. Einsiedel EF (2008) Public Participation and Dialogue. In: Bucchi M, Trench B (Hrsg) Handbook of Public Communication of Science and Technology. Routledge, London, New York, S 173–184
6. Renn O, Peters HP, Gaul R (2023) Bedingungen für eine gelingende Technikkommunikation und Beteiligung. In: Jakobs EM, Renn O (Hrsg.) Technischer

Wandel – wirksam kommunizieren und beteiligen: 12 Denkanstöße aus der Wissenschaft. München: acatech, S 62–71
7. Simon D (1999) Editorial. Gegenworte, 3. Heft, Frühjahr 1999, S 3
8. Joss S, Durant J (1995) Public Participation in Science: the role of consensus conferences in Europe, Science Museum London
9. Shamos M (1995) The Myth of Scientific Literacy. Publisher, Rutgers University Press
10. Nowotny H (2001) Wissenschaft auf dem Marktplatz. Tages-Anzeiger vom 4(9):2001
11. Arnstein SR (1969) A Ladder Of Citizen Participation. J Am Inst Plann 35(4):216–224
12. Joußen W (1993) Partizipation. In: Schütz H, Wiedemann PM (Hrsg.): Technik kontrovers, Frankfurt/M., S 146–151
13. Renn O, Schweizer PJ (2020) Inclusive governance for energy policy making: Conceptual foundations, applications, and lessons learned. In: Renn O, Ulmer F, Deckert A (Hrsg) The Role of Public Participation in Energy Transitions. Academic, S 39–79
14. Benighaus C, Wachinger G, Renn O (Hrsg.) (2016) Bürgerbeteiligung: Konzepte und Lösungswege für die Praxis. Kap. 5. Wolfgang Metzner, Frankfurt a. M.
15. Einsiedel E (2014) Publics and their participation in science and technology: changing roles, blurring boundaries. In: Bucchi M, Trench B (Eds.): Routledge Handbook of Public Communication of Science and Technology, 2. Aufl., S 125–139
16. Bundesministerium für Bildung und Forschung (Hrsg) (2021) #Factory WissKomm – Handlungsperspektiven für die Wissenschaftskommunikation. BMBF. https://www.bmbf.de/bmbf/shareddocs/downloads/files/factory_wisskomm_publikation.html
17. STAC – Science and Technology Advisory Council (Hrsg) (2013) Science and society: time for a new deal. Berlaymont Paper 3
18. acatech et al. (Hrsg) (2014) Zur Gestaltung der Kommunikation zwischen Wissenschaft, Öffentlichkeit und den Medien. Empfehlungen vor dem Hintergrund aktueller Entwicklungen. Berlin
19. Meyer-Guckel V (2013) Marketing oder Kommunikation. Wirtsch Wiss 1:40–43
20. acatech et al (Hrsg) (2017) Social Media und digitale Wissenschaftskommunikation. Analyse und Empfehlungen zum Umgang mit Chancen und Risiken in der Demokratie. Berlin
21. Wissenschaftsrat (2015) Zum wissenschaftspolitischen Diskurs über große gesellschaftliche Herausforderungen. Positionspapier, http://www.wissenschaftsrat.de/download/archiv/4594-15.pdf
22. Allmendinger J (2019) Wir brauchen Orte der Begegnung, Akademie aktuell (BAdW) 2.2019, S 41

23. Weingart P, Joubert M, Connoway K (2021) Public engagement with science – Origins, motives and impact in academic literature and science policy. PLoS ONE 16(7):e0254201. https://doi.org/10.1371/journal.pone.0254201
24. Bensaude-Vincent B (1995) A public for science. The rapid growth of popularization in nineteenth century France. Réseaux The French journal of communication, 3(1): 75–92
25. https://impactunit.de/ziele-von-wissenschaftskommunikation/, Kurzzusammenfassung Folie 43
26. Schrögel P (2025) Leitfaden für Partizipation in der Forschung, https://www.partizipation-wissenschaft.de/leitfaden-uebersicht/
27. Strohschneider P (2024) Wahrheiten und Mehrheiten. Kritik des autoritären Szientismus. Beck, München

Teil II

Modellprojekte: Beispiele und Anregungen

Nach der Darstellung von Hintergrund und Entwicklung des Wissenschaftsdialogs in den letzten Jahren werden hier einige Ansätze und Beispiele dazu vorgestellt. Damit soll verdeutlicht werden, mit welchen Interessen (seitens Wissenschaft und Politik) die einzelnen Projekte betrieben werden, und wie anhand konkreter Themen, Ziele und Zielgruppen der Dialog gestaltet werden und ablaufen kann.

Das Portal www.wissenschaftskommunikation.de führt unter „Kommunikationsformate / Art des Formats" zum Stichwort „Dialog" mehr als 50 Einträge auf (https://www.wissenschaftskommunikation.de/formate/?fwp_art=dialog, Stand: 17.11.2025), von traditionellen Formaten wie Infostand, Besuchszentrum und Ringvorlesung bis hin zu „neuen" Formaten (entstanden in den letzten Jahren und Jahrzehnten) wie Wissenschaftsfilmfest, Science Café, Kinder-Uni oder Social Media.

Es zeigen sich in diesem Zusammenhang immer wiederkehrende Herausforderungen, für deren Lösung es kein Patentrezept gibt, und eine Vielzahl an Ideen und Möglichkeiten, um Dialog in der Wissenschaftskommunikation zu ermöglichen.

3

Entwicklung von Dialogformaten der Wissenschaftskommunikation in Deutschland

> Im Folgenden werden Wissenschaftsdialog-Projekte der vergangenen Jahrzehnte in Deutschland skizziert. Die Auswahl – durchaus persönlich gefärbt und ohne jeden Anspruch auf Vollständigkeit – soll zeigen, auf welche vielfältigen Erfahrungen heute zurückgegriffen werden kann. Die vorgestellten Beispiele sollen Anregung sein, weitere Formate zu entdecken und zu reflektieren.

3.1 Schülerparlament

Für das Jahr der Technik (2004) konnte dessen Evaluation von einem gelungenen Beispiel für Dialog berichten, dem Schülerparlament ([1], S. 68–71). Dies war eine der wenigen Veranstaltungen des Wissenschaftsjahrs, die explizit den Meinungsdialog zu wissenschaftlich-technischen Themen in den Mittelpunkt stellt. Leitziel des Schülerparlaments war die „Reflexion, Stabilisierung oder Erweiterung der eigenen Meinung".

Rund einhundert interessierte Schüler der Sekundarstufe II aus Baden-Württemberg kamen für zwei Tage in das Gebäude des Stuttgarter Landtags. Sie teilten sich auf in Arbeitsgruppen zu den Themen Mobilität und Kommunikation, in denen nach einem Brainstorming ein Expertenhearing mit Diskutanten aus Wissenschaft und Politik vorbereitet und durchgeführt wurde. Nach diesem Hearing diskutierten die Schüler in den Gruppen und bereiteten Anträge für eine Debatte im Plenum am folgenden Tag vor.

Das Format, so das Fazit der Evaluation, eignet sich gut, einen Meinungsdialog anzuregen und weiteres Interesse an technikpolitischen Themen zu wecken: „So gibt der ganz überwiegende Teil der Schülerinnen und Schüler in der Befragung unmittelbar nach der Teilnahme an, mindestens eine neue Position zum Arbeitsgruppenthema kennen gelernt zu haben, sich des eigenen Standpunktes diesbezüglich sicherer geworden zu sein und diesen nun besser vertreten zu können" ([1], S. 69 f.).

Weg vom Lehrplan, hinein ins richtige Leben – so könnte man diesen Ansatz beschreiben, der vor 20 Jahren noch recht ungewöhnlich war. Der Erfolg des Formats könnte sich messen lassen an der Aktivierung der Schülerinnen und Schüler und daran, inwieweit die Beteiligten das Projekt ernst nehmen – auch wenn es sich nur um eine Politiksimulation handelt. Und der Erfolg hängt im Einzelfall vom Engagement der Lehrer und der Einbindung in den Schulunterricht ab.

3.2 Wissenschaft debattieren

Wenige Jahre später untersuchte das Forschungsprojekt „Wissenschaft debattieren!", „mit welchen Mitteln und mithilfe welcher partizipativen Formate sich der Dialog zwischen Wissenschaft und Öffentlichkeit intensivieren lässt. Im Blickpunkt standen Veranstaltungen, welche Bürgerbeteiligung ins Zentrum stellen: Ob Schülerparlament, Schülerforum und Junior Science Café, Bürger- und Konsensuskonferenz, Bürgerausstellung oder Onlineplattformen – bei allen Formaten trafen Bürger auf Experten aus der Forschung und erörterten gemeinsam ein aktuelles wissenschaftliches Thema" ([2], S. 8).

Als Ausgangspunkt stellte man damals fest, dass „in der Wissenschaftskommunikation in Deutschland partizipative und dialogische Elemente häufig nicht sehr ausgeprägt" sind ([2], S. 9). Und obwohl „Dialog" längst als unverzichtbar für die Wissenschaftskommunikation erkannt worden war, fehlte es noch an detaillierten empirischen Erkenntnissen und Analysen. Man wollte nun wissen: „Welche Ziele werden mit welchen Instrumenten besonders gut erreicht? Welche Wirkung haben Partizipationsprozesse auf die teilnehmenden Bürger? Wie müssen Partizipationsprozesse ausgestaltet werden, um in der Wissenschaftskommunikation im Sinne von Organisatoren und Teilnehmern erfolgreich zu sein?" ([2], S. 9).

Im Rahmen des Projekts wurden verschiedene Formate untersucht, u. a. folgende:

- In einer *Bürgerkonferenz* diskutieren beispielsweise 50 bis 200 zufällig ausgewählte Bürger an zwei Tagen über kontroverse Fragestellungen. Dabei werden an bestimmten Stellen gezielt Fachexperten in die Diskussion eingebunden, um den Meinungsbildungsprozess der Diskutierenden mit Sachinformationen zu unterstützen. Am Ende der Veranstaltung formulieren die Teilnehmer eine Bürgererklärung, die Empfehlungen an Politik, Wissenschaft und Gesellschaft enthält ([2], S. 54–65).
- *Schülerforum:* Hier durchläuft eine Schulklasse eine dreitägige Zukunftswerkstatt zu einer wissenschaftlichen Fragestellung und diskutiert, welche zukünftige Entwicklung sie sich in Bezug auf das Thema wünscht. Dabei analysieren die Schüler die aktuelle Situation, erarbeiten Zukunftsvisionen und präsentieren Wissenschaftlern Empfehlungen, wie die Visionen mithilfe der Wissenschaft umgesetzt werden können (siehe hierzu [3]).
- *Junior Science Café* ([4], S. 6) „Im Junior Science Café organisieren Schüler eine Gesprächsrunde in Form eines Cafés mit einem oder mehreren Wissenschaftlern. Dabei steht die Eigeninitiative der Schüler im Vordergrund. Als Gastgeber bestimmen sie das Thema und legen Rahmen und Ablauf für das Gespräch fest." Dabei ist „Schüler plaudern über Wissenschaft" keineswegs abwertend gemeint, im Gegenteil (vgl. Abschn. 1.1). Dieses Format läuft bis heute, nun als „Junior Science Café KI". Auf der Projektwebsite www.juniorsciencecafe.de sind als Materialien ausführliche Leitfäden zu verschiedenen Bereichen der Projektarbeit sowie Tipps und Vorlagen für die Umsetzung bereitgestellt.

Folgende zentrale Erkenntnisse, die über alle oder mehrere Formate hinweg gültig sind, konnten bereits damals gewonnen werden ([2], S. 18–21, Hervorhebungen von MDW):

- „Die *Teilnehmerrekrutierung* hat sich als sehr aufwendig und als eine der größten Herausforderungen des Projekts herausgestellt. ... Eine weitere Schwierigkeit liegt darin, bestimmte Zielgruppen zu erreichen. Bei Bürger- und Konsensuskonferenz ist ein systematisch auftretender überproportionaler Anteil von höher gebildeten, älteren sowie tendenziell auch männlichen Personen festzustellen."
- „Ein zentraler Erfolgsfaktor bei der Durchführung aller getesteten Formate ist eine *transparente Darstellung der Zielsetzung und des Veranstaltungsprozesses.*"
- „Es hat sich gezeigt, dass die *Einbindung von vielfältigen Expertenmeinungen* zentral für die Meinungsbildung der Teilnehmer und den Erfolg der Veranstaltungen ist. Das gilt nicht nur in Bezug auf die fachliche

Expertise, sondern auch hinsichtlich wissenschaftlich begründbarer Technologiebewertungen. Im Idealfall sollten durch die Auswahl der Experten gezielt Kontrapunkte zwischen verschiedenen Bewertungsperspektiven gesetzt werden. Zudem sollten Wissenschaftler einbezogen werden, die eine übergreifende Perspektive auf das Thema haben und auch solche, deren Horizont über die technische Expertise hinausreicht, wie Sozialwissenschaftler, Psychologen oder Juristen. Dies entspricht auch zunehmend dem Selbstverständnis der Wissenschaft, keine eindeutige Antwort zu allen Fragen geben zu können, sondern vielmehr eine begründete Vielzahl von Optionen zur Diskussion zu stellen."
- „Neben der Pluralität der Expertenmeinungen sollten die Veranstaltungen auch *Unsicherheiten in Expertenurteilen aufgreifen* beziehungsweise auf die Unsicherheiten von Wissensbeständen aufmerksam machen."
- „Neben der Formatwahl ist auch die *Gestaltung der ausgewählten Formate* von besonderer Bedeutung. Die Umsetzung sollte immer an die organisatorischen und themenspezifischen Rahmenbedingungen angepasst werden. Dabei muss ein gutes Gleichgewicht zwischen formatgetreuer Implementierung und pragmatischer Anpassung an die Rahmenbedingungen gefunden werden."

Bis heute sind diese Herausforderungen von Dialogformaten aktuell. Wenn es auch keine Patentrezepte zu deren Lösung gibt, so lassen sich auf der Basis der geschilderten Modellprojekte die immer gleichen Fehler vermeiden. So wird immer wieder die Herausforderung unterschätzt, Teilnehmende zu finden – beispielsweise finden Aufrufe zur Beteiligung nicht immer große Resonanz. Bezüglich der Ziele der Aktivitäten herrscht häufig Unklarheit und Intransparenz. Und eine Einengung des Meinungsspektrums ergibt sich manchmal gezielt, manchmal unabsichtlich.

Junior Science Café KI
Eines der bei „Wissenschaft debattieren" betrachteten Beispiele, die bis heute existieren, ist das Junior Science Café, das derzeit zu KI angeboten wird. Hier steht die Eigeninitiative der Jugendlichen im Vordergrund: „Sie wählen das konkrete Thema für die Veranstaltung sowie die Expert*innen aus, die sie zu ihrem Café einladen."

Auf der Projektwebsite www.juniorsciencecafe.de sind weitere Materialien bereitgestellt: ausführliche Leitfäden zu verschiedenen Bereichen der Projektarbeit sowie Tipps und Vorlagen für die Umsetzung.

3.3 Bürgerdialog des Bundesministeriums für Bildung und Forschung

In den Jahren 2011 bis 2015 hat das Bundesministerium für Bildung und Forschung (BMBF) einen Bürgerdialog zu verschiedenen Themenfeldern (wie z. B. „Energietechnologien für die Zukunft") ausgerichtet. Das zeigte, dass die Dialogidee endgültig in der Politik angekommen war. Ein zentrales Element waren die Bürgerkonferenzen mit jeweils bis zu 100 per Zufall ausgewählten Bürgerinnen und Bürgern. Den Hintergrund und die Ziele fasst die damalige Staatssekretärin im BMBF, Cornelia Quennet-Thielen, zusammen [5]:

„Der rasche gesellschaftliche Wandel macht zusätzliche Interaktionsformen zwischen Bürgern, Politik und Verwaltung erforderlich. ... Diese Bürgerdialoge bieten besondere Chancen, im Sinne mündiger Bürger und einer reflektierenden Politik Verantwortung zu übernehmen: Einblick zu gewinnen, Position zu beziehen, Konflikte konstruktiv zu diskutieren und gemeinsam an der Gestaltung der Zukunft mitzuwirken. ... Hierbei geht es nicht allein darum, eine berechtigte Erwartung der Bürger zu erfüllen, sondern auch um eine qualitative Verbesserung politischer Entscheidungen, indem Know-how und Beurteilungsfähigkeiten der Bürger genutzt werden."

Das BMBF hat rückblickend „eine Chance gesehen, das direkte Gespräch mit Bürgerinnen und Bürgern zu führen im Sinne von Wahrnehmen, von Rückfrage, Einwänden und Kritik" ([6], S. 57).

Weitere Hoffnungen und Erwartungen seitens des BMBF waren, „den Dialog auch als Zukunftslabor, Zukunftswerkstatt, Experimentieranordnung zu nutzen", um zu sehen

- wo es gesellschaftliche Trends in der Bewertung der Ausrichtung von Wissenschaft gibt,
- wo sich bei den Bürgerinnen und Bürgern Interessenfelder auftun,
- wo es möglicherweise auch Widerstände gibt, wo es neue Bedarfslagen gibt, die sich vielleicht noch nicht artikuliert haben,
- wo mit kritischen Nachfragen oder vielleicht sogar mit Verweigerung zu rechnen ist.

Und schließlich der durchgehende Wunsch, „einen geschützten Raum zu schaffen, wo Politik, Wissenschaft und Bürger sich in einem Klima der gegenseitigen Wertschätzung begegnen können – ohne die Notwendigkeit, Fensterreden zu halten, ohne die (gefühlte) Notwendigkeit, eigene Schwächen nicht eingestehen zu können" ([6], S. 57).

Inwiefern hat das alles funktioniert bzw. wurden die Erwartungen erfüllt? Erreicht hat man primär weiterhin vorwiegend gebildete, ältere und männliche Teilnehmer. „Das Onlineformat hat die Basis deutlich verbreitert, aber es ist keine wirkliche Lösung für das Problem, denn auch da erreiche ich nur bestimmte Segmente und ich handele mir mit einem Onlineformat natürlich auch gewisse Nachteile ein" ([6], S. 58), so der Vertreter des BMBF im Rückblick.

Rückblickend wurden sowohl Input als auch Output (selbst)kritisch betrachtet: Zum Input: Die Themenwahl war jeweils vorgegeben. „Das Thema muss eine Relevanz für die Bürgerinnen und Bürger haben, es muss eine hohe politische Relevanz besitzen und es muss … einen konkreten Bezug zu anstehenden Forschungsvorhaben haben. Wenn die drei Kriterien gegeben sind, dann ist es ein gutes Dialogthema" ([6], S. 60). Dabei sind diese Themen grundsätzlich vorgegeben: „Die Dialoge waren jetzt alle schon entlang bereits festgelegter Grundlinien der Forschungs- und Technologiepolitik gerahmt", so merkte man seitens des BMBF an. „Man könnte sich ja, zumindest theoretisch auch vorstellen, dass man noch ein Stück früher in der Entscheidungsfindung ansetzt und über … große Herausforderungen, Grundfragen, die die Forschungs- und Technologiepolitik adressieren sollte, im Rahmen solcher Dialoge diskutiert" ([6], S. 61 f.). Im „Wissenschaftsjahr 2022 – Nachgefragt!" hat das BMBF tatsächlich einen Vorstoß unternommen, um neue Ideen für Forschung und Forschungspolitik in Deutschland zu sammeln – ohne Themen vorzugeben (https://www.wissenschaftsjahr.de/2022/), siehe Abschn. 3.4.

Die Möglichkeit, etwaige Ergebnisse in die Politik zu tragen, war eher beschränkt, die Rezeption der Ergebnisse in der Politik war „stark themenabhängig" ([6], S. 59). Letztlich ist es immer sehr schwer zu sagen, wie die Ergebnisse in einen weiteren politischen Prozess einfließen; zunächst gehe es um Wertschätzung: „Es ist uns wichtig, was ihr hier liefert." Dann um keine zu großen Versprechungen: „Wir nehmen das ernst, aber wir wollen auch nichts versprechen, was wir nicht einlösen können" ([6], S. 61).

Das Projekt hat also gezeigt, dass „Dialog" in der Wissenschaftskommunikation auch seitens der Politik als zentral gesehen wird. Und es legte ein weiteres Mal die notorischen Herausforderungen offen: Wen spricht man an und wen erreicht man, um mitzumachen? Wer entscheidet, über welche Themen und aus welchen Perspektiven gesprochen wird? Was geschieht mit den Ergebnissen?

3.4 Fragen für die Wissenschaft

3.4.1 Fragen sammeln und zusammenführen

Oftmals wird (zu Recht) kritisiert, dass Dialog von Themen ausgeht, die von der Wissenschaft gesetzt sind (vgl. Abschn. 3.3). Im Wissenschaftsjahr 2022 wollte das BMBF den Spieß umdrehen und hat dazu aufgerufen, „Fragen für die Wissenschaft" einzureichen (https://www.wissenschaftsjahr.de/2022/ideenlauf.html). Die Bürgerinnen und Bürger konnten sich einbringen, Fragen stellen und Vorschläge machen, welche Themen die Wissenschaft in den Blick nehmen sollte: Über 14.000 Fragen wurden als Reaktion auf den Aufruf gestellt [7].

Die Fragen wurden von den Einreichenden vorgegebenen Themenfeldern zugeordnet (z. B. „Universum, Klima und Umwelt"). 4500 Fragen davon flossen in den weiteren Prozess ein ([7], S. 20). Auf einer Konferenz wurden diese Fragen von Gremien aus Wissenschaftlern und Bürgern thematisch zu 59 Clustern zusammengefasst, z. B. „Wie kann der Dialog zwischen Wissenschaft, Gesellschaft und Politik verbessert und nutzbar gemacht werden?" ([7], S. 58), mit der Sammlung entsprechender Fragen (hier z. B. „Ist es besser, wissenschaftliche Forschung durch staatliche Steuergelder oder durch privatwirtschaftliche Investoren bzw. durch frei marktwirtschaftliches Geld zu finanzieren?").

3.4.2 Ergebnisse und Fazit

Das Ergebnispapier [7] mit Beschreibung der Cluster wurde wiederum seitens BMBF und Wissenschaftsorganisationen „auf seine Umsetzungspotenziale hin überprüft und kommentiert" ([8], S. 3). Fazit: „Die Ergebnisse zeigen, dass sich die Bürger*innen für ähnliche Themenbereiche und Fragestellungen interessieren, wie sie von Forschenden bereits bearbeitet werden" ([8], S. 3).

Der Bericht zur Begleitforschung machte deutlich, „dass die geschaffenen Bedingungen für Wissenschaftler*innen eine vorteilhaftere Ausgangslage zur Partizipation boten als für die Bürger*innen" ([9], S. 7). Wer sich schon etwas mit Wissenschaft, ihrer Themenwelt und Terminologie auskennt, scheint im Vorteil zu sein, wenn es um die Formulierung von Fragen an sie geht. Um diesen Heimvorteil auszugleichen, müsse man durchgängig Ausschau nach möglichen Barrieren für Mitwirkende halten, die nicht aus Wissenschaft oder Forschung kommen ([9], S. 9).

Wurden Wissenschaftler hinsichtlich neuer Forschungsfragen in ihrem Arbeitsbereich inspiriert? Auch das musste nach Projektabschluss verneint werden, weil „die eingereichten Fragen wie auch die Diskussionen nach Aussagen der Jury nicht den nötigen Detailgrad" erreichten ([9], S. 7).

Man erkennt, wie aufwendig der Versuch war, die Systeme Wissenschaft und Gesellschaft miteinander zu koppeln. Im Ergebnis hat dieses Verfahren keine „neuen" Fragestellungen zutage gefördert.

Das kann entweder daran liegen, dass die Wissenschaft im Gleichklang mit den gesellschaftlichen Interessen und Fragestellungen arbeitet.

Oder es zeigt sich ein weiteres Mal, wie schwierig eine direkte Kopplung der Systeme ist: Wer hat die 14.000 Fragen gestellt – „Bürgerinnen und Bürger", die der Wissenschaft nahestehen? Sind „Fragen" überhaupt ein geeigneter Ansatzpunkt zur Kopplung der Systeme, oder sollte man von Beginn an noch offenere Berührungspunkte ermöglichen? Hat der „Heimvorteil" der Wissenschaft in diesem Verfahren von Beginn an dazu geführt, dass die Kategorien und letztlich auch die Ergebnisse vorbestimmt waren?

3.5 Wissenschaftsdebatte

Neben Wissenschaft und Politik suchen auch Journalisten nach Wegen, Stakeholder und Entscheiderinnen aus den relevanten Forschungsfeldern sowie aus Politik und Öffentlichkeit in einen Dialog zu aktuellen Forschungsthemen zu bringen.

In der Wissenschaftsdebatte der TELI (Technisch-Literarische Gesellschaft) debattieren Fachleute auf dem Podium zunächst „Befunde und Interpretationen, Gestaltungs- und Umsetzungsszenarien, Risiken und Chancen. In einem zweiten Teil kommt das Publikum zum Zuge. In kleinen Gruppen, Murmelgruppen, debattiert es seine Einschätzungen als grobes Spiegelbild der Reflexionen von Wählern und Steuerzahlern, Konsumenten und Betroffenen zum Forschungsthema. Die Resultate werden abschließend den Stakeholdern vorgetragen" (https://www.wissenschaftsdebatte.de/?p=7543), also denjenigen, die in Politik und anderen Bereichen gestalten und entscheiden. Die Kunst besteht dann darin, die Expertise der Fachleute auf der einen Seite und die der „Erfahrungsexperten" (Konsumenten, Betroffene …) auf der anderen Seite zu verbinden. Neue Sichtweisen entstehen, die allen Beteiligten sowie auch den Medien und der allgemeinen Öffentlichkeit zugänglich gemacht werden sollten. „Bürgerbeteiligung in Forschungsfragen sorgt nicht nur für eine kreative Horizonterweiterung, sondern wirkt auch dem zunehmenden Auseinanderdriften der Gesellschaft entgegen. Sie setzt demokratische Anker bei komplexen Themen und bedient einen wichtigen Bildungsauftrag", so die Selbstdarstellung (https://www.wissenschaftsdebatte.de/?p=7543).

Man sieht sich dem Zukunftsforscher und Wissenschaftsautor Robert Jungk verpflichtet: „Wenn keine Brücken von den Forschern zu den Bürgern geschlagen werden, leisten diese im Grunde unwissenschaftliche Arbeit, denn sie lassen die Dimension öffentlicher Akzeptanz oder Ablehnung aus und sind dazu verurteilt, eine inhumane Wissenschaft voranzutreiben, die letztlich in Katastrophen enden muss" (zit. n. https://www.wissenschaftsdebatte.de/?p=1674). Freilich gilt auch für die Ergebnisse der Wissenschaftsdebatte: „Die Wirkeffekte sind über die vielen Ebenen unserer Gesellschaft und deren Steuerzentren sowie den langsamen Entscheidungsmechanismen nur schwer verfolgbar."

Vielleicht können – neben Wissenschaft und Politik – Medien eine stärkere Rolle bei der Gestaltung von Dialog zu Wissenschaftsthemen spielen, neue Themen, Perspektiven und Zielgruppen erschließen. Kann das mit dem Format der Talkshow gelingen?

3.6 Dialog in der Talkshow

Wissenschaftsthemen stehen bei Talkshows selten im Zentrum, sind aber immer wieder ein relevanter Teil der Diskussion (z. B. bei Themen zu Energie und Mobilität). TV-Formate lassen sich zwar nicht direkt auf den hier beschriebenen Wissenschaftsdialog übertragen, bieten aber vielfältige Anregungen. Und wer weiß: Möglicherweise gibt es einen Weg, die publikumswirksame Talkshow mit den Wissenschaftsdialogen bislang begrenzter Reichweite zusammen zu bringen.

In Deutschland gilt „Der internationale Frühschoppen" als die historisch erste Talkshow. Er wurde ab 1952 im Radioprogramm des Rundfunks gesendet, ab 1953 im Fernsehen [10]. Seit dieser ersten TV-Talkshow hat sich das Format gewandelt und findet sich heute in den unterschiedlichsten Ausprägungen im Programm, als Talkrunde oder Dialog, Politik-Talk oder Personality-Talkshow: Auf dem Podium sitzen Prominente und Politiker sowie Fachleute aus relevanten Bereichen, Journalisten, teilweise auch von bestimmten politischen Entscheidungen Betroffene. In unterschiedlichen Zusammensetzungen sollen sie für eine möglichst kontroverse Diskussion sorgen.

Ein Beispielformat ist „hart aber fair". Politiker, Wissenschaftler, Vertreter anderer Organisationen und direkt beteiligte oder betroffene Personen bilden die Diskussionsrunde. Das Thema ist mit einem Slogan als Frage formuliert (z. B. „Milliarden für die Bundeswehr: Ist Aufrüsten alternativlos?", Sendung vom 17. März 2025). Im Verlauf der Sendung erhalten die Zuschauer ergänzende Informationen durch Statistiken, Interviews oder Zeitungsberichte. Die Eigendarstellung betont die aktive Rolle der Zuschauer [11]: „Die Zuschauer können sich mit ihren Meinungen, Fragen, Ängsten und Sorgen über viele Kanäle in die Sendung einmischen. ‚hart aber fair' lässt einzelne Zuschauer in der Sendung zu Wort kommen, gibt einen Überblick über die Meinungen der Zuschauer, fragt die Menschen auf Straßen und Plätzen im Land, was sie zum Thema denken und konfrontiert die Gäste in der Runde mit den Ansichten der Bürger, mit Meinungen, Umfragedaten und Fakten."

Eine ausgezeichnete Talkshow
Schon früh wurde die Sendung ausgezeichnet [12]: „hart aber fair' ist mehr als nur eine Talkshow. Durch Filmbeiträge werden die diskutierten Themen vertieft und neue Gesprächsansätze angestoßen, die in der ‚großen Runde' mit meist fünf Experten diskutiert werden. Oder auch nur im Einzelgespräch mit dem [damaligen] Moderator Frank Plasberg …"

Begründung der Jury: „… ‚Hart aber fair' löst das im Sendenamen gemachte Versprechen ein: Moderator Frank Plasberg lässt seinen Gästen keine Worthülse durchgehen, ohne auf der Beantwortung der eigentlichen Frage zu bestehen. Das dauert manchmal eine Weile, aber Plasberg bringt ausreichend Geduld und Hartnäckigkeit auf, um sich und das Fernsehpublikum nicht abspeisen zu lassen. Er begegnet seinen Gästen dabei mit Respekt und Wohlwollen. Sie können sich durch fehlende Argumente und Überzeugungskraft selbst entlarven, aber sie werden nicht vorgeführt.

… Zum Ritual zählt eine versöhnliche Runde am Ende der Sendung, bei der inhaltliche Differenzen jedoch nicht glattgebügelt werden. … Kurze, prägnante Einspielfilme geben den Diskussionen häufig eine überraschende Wendung: Gäste, die sich gerade in der Rolle des Anklägers gefallen, haben sich nun plötzlich selbst zu erklären.

Frank Plasberg drückt zumeist zum geeigneten Zeitpunkt auf den Knopf, mit dem die Filme gestartet werden. Auch die Beiträge von Zuschauerinnen und Zuschauern setzen immer wieder neue Impulse. Das durch den Einsatz unterschiedlicher Medien gewonnene Meinungsbild im Publikum bereichert die Diskussion; seine Präsentation trägt zur Lebendigkeit des Formats bei. …" [12].

3.7 Technik gemeinsam gestalten

Im acatech-Projekt „Technik gemeinsam gestalten" wurden am Beispiel der künstlichen Fotosynthese Technikzukünfte entwickelt und als methodischer Zugang zu partizipativer Technikgestaltung genutzt. Ziel war eine frühzeitige Einbindung der Öffentlichkeit. Einzelne Technikzukünfte wurden auf Dialogveranstaltungen diskutiert und bewertet ([13], S. 49 f.).

3.7.1 Das Thema verpacken

Mit den Dialogveranstaltungen wurden insbesondere interessierte und informierte Personen in eine Diskussion um künstliche Fotosynthese gebracht. Die Technikzukünfte wurden nicht in technischem Jargon entworfen, sondern in Form von Szenen und Geschichten (https://www.acatech.de/projekt/kuenstliche-fotosynthese-entwicklung-von-technikzuenften/) dargestellt. In derart konkreten Einblicken konnten wissenschaftliche Erkenntnisse ansprechend und verständlich „verpackt", Fragen aufgeworfen und auch Unsicherheiten und offene Fragen identifiziert werden.

3.7.2 Interesse wecken

Um bei Teilnehmern von Dialogveranstaltungen Interesse zu wecken und das Thema darzustellen, hat sich auch hier eine Vielfalt an Aktivitäten bewährt: Exkursion, Ausstellungsbesuch, Storytelling, Videos oder auch Kurzvorträge. Auf diese Weise wurde verdeutlicht: Was gehört zum Thema „künstliche Fotosynthese" und was nicht? Es ergab sich mit Blick auf die Darstellung der künstlichen Fotosynthese teilweise das Dilemma, dass – je konkreter ein Thema formuliert wird – die Diskussion umso stärker vorbestimmt und gelenkt wird. Ebenso weckt vielleicht ein bestimmtes thematisches Framing (z. B. „Energiewende" oder bestimmte technische Ansätze) Interesse und fördert die Verständlichkeit – legt aber auch den Rahmen für die Diskussion vorab fest.

3.7.3 Wer nimmt teil?

Schwierig und aufwendig war es jeweils, Teilnehmende zu gewinnen. Hier kommt es u. a. darauf an, vorhandene Plattformen zu nutzen, um spezifische Zielgruppen zu erreichen. Das gelang teilweise durch Kooperationen mit anderen wissenschaftlichen Einrichtungen oder Bildungseinrichtungen.

Insgesamt waren die Teilnehmerzahlen jeweils an der unteren Planungsgrenze. Da die erschienenen Teilnehmerinnen und Teilnehmer jedoch aktiv und interessiert waren, haben die Formate „funktioniert": Tatsächlich förderte jede einzelne der Veranstaltungen mit etwas mehr als zehn Teilnehmenden mehr und detailliertere Aspekte und Perspektiven zutage als etwa das allererste Science & Technology Café zum Thema mit einhundert Teilnehmenden ([13], S. 41 ff.).

3.7.4 Zeitpunkt des Dialogs

Wann sollen die Folgen einer einzusetzenden Technologie diskutiert werden? Möglichst früh, sollte man meinen. Aber hier ergibt sich ein Dilemma, das nach dem britischen Technikforscher David Collingridge benannt ist [14], Abb. 3.1: Solange eine Technologie noch nicht ausreichend entwickelt und weitverbreitet ist, können deren Wirkungen nicht leicht vorhergesehen werden. Je weiter entwickelt sie jedoch ist, umso schwieriger werden Kontrolle und Gestaltung.

Das Collingridge-Dilemma zeigt sich deutlich in Teilnehmerstimmen, die den Zeitpunkt für eine Einbeziehung der Öffentlichkeit in die Diskussion um künstliche Fotosynthese für zu früh halten: Das Thema sei weit von der Realität entfernt (mangelnde Relevanz), es gebe keine Kontroversen. Dagegen entstand – ausgehend von den Technikzukünften – durchaus eine Diskussion um Fragestellungen, Ziele und Kriterien der Technikgestaltung für dieses Feld.

Abb. 3.1 Das Collingridge-Dilemma beschreibt, wie während der Entwicklung einer Technologie das Wissen über ihre Wirkungen wächst, die Möglichkeiten ihrer Gestaltung jedoch gleichermaßen geringer werden

3.7.5 Erwartungsmanagement

Es zeigte sich, dass den Teilnehmerinnen und Teilnehmern (einschließlich der beteiligten Wissenschaftlerinnen und Wissenschaftler) in jedem Fall vorab zu vermitteln ist, dass es sich um eine Dialogveranstaltung und keine konventionelle Informationsveranstaltung handelt, wie sie meist erwartet wird. Noch wichtiger im Sinne von Transparenz ist die Frage, was mit den Ergebnissen geschehen soll. Im Projekt zur künstlichen Fotosynthese gab es bewusst noch keine verbindlichen Festlegungen dazu. Im Vordergrund standen die Diskussionen zu diesem Thema – nicht, was anschließend mit aufkommenden Ideen geschehen sollte. „Plaudern über künstliche Fotosynthese" wäre also durchaus ein passender Titel für das Vorhaben gewesen.

3.8 Technologischen Wandel gestalten

Ziel eines weiteren acatech-Projekts „Technologischen Wandel gestalten: Transparenz, Dialog und Beteiligung für gesellschaftlichen Konsens" war die Entwicklung, Erprobung und Evaluierung einer wissenschaftlich fundierten und in die Praxis umsetzbaren Gestaltung von Technikdialogen. Es zeigt den Übergang von Dialogveranstaltungen zu Partizipation (Abschn. 2.3).

In dem hier vorgestellten Projekt sollte die Gesellschaft bei der Gestaltung neuer Technologiefelder in eine frühe und kompetente Meinungsbildung einbezogen werden. Gemeinsam mit interessierten Bürgerinnen und Bürgern sollten die Chancen, der Nutzen und die Risiken von Technologien sachgerecht und ausgewogen diskutiert und die sich daraus ergebenden Rückschlüsse an Politik, Wirtschaft, Zivilgesellschaft und betroffene Individuen vermittelt werden.

3.8.1 Formate

In zwei deutschen Kommunen wurden Fokusgruppen zur Digitalisierung öffentlicher Aufgaben durchgeführt:

Fokusgruppen: Dialog unter dem Mikroskop
„Fokusgruppen sind moderierte Kleingruppen, in denen leitfadengestützt gemeinsam ein vorgegebenes Thema diskutiert wird. Bei der Zusammensetzung der Gruppen, die meist 6 bis 12 Personen umfassen, wird hinsichtlich bestimmter

Merkmale Homogenität angestrebt. Das kann je nach Thema beispielsweise einen gemeinsamen Erfahrungshorizont, die Zugehörigkeit zur selben Altersgruppe, eine bestimmte Lebenssituation und/oder das Geschlecht der Teilnehmenden betreffen. Diese Gemeinsamkeit soll den Teilnehmenden den Einstieg in die Diskussion erleichtern. Bei weiteren Merkmalen sollte dann allerdings auf eine möglichst heterogene Verteilung geachtet werden, um eine große Bandbreite an Ideen, Meinungen, Perspektiven und Werten zu gewährleisten und die Diskussion möglichst vielseitig zu gestalten ([15], S. 17)."

„Der primäre Zweck einer Fokusgruppe ist also die Erhebung gruppen- und akteursspezifischer Meinungen, Einstellungen, Motive, Bedürfnisse, Wünsche, Bewertungen und Präferenzen unter einer bestimmten Fragestellung. [...] Darüber hinaus kann der in Fokusgruppen stattfindende Austausch von Argumenten aber auch zur Entstehung oder Veränderung von Meinungen und Einstellungen im Teilnehmerkreis beitragen. In Fokusgruppen wird daher soziale Wirklichkeit im Sinne einer Summe individueller Wahrnehmungen und Meinungen nicht nur wiedergegeben, sondern es entwickeln sich dort auch neue Standpunkte, Einsichten oder Bewertungen ([15], S. 17)."

„In der nordrhein-westfälischen Stadt Wuppertal ging es in fünf Fokusgruppendiskussionen um das Thema digitale Technik im Bevölkerungsschutz; in der brandenburgischen Stadt Wittenberge wurde in vier Fokusgruppen hingegen über Online-Dienstleistungen der örtlichen Kommunalverwaltung diskutiert. Das Dialogformat der Fokusgruppe, das somit in beiden Fallbeispielen zur Anwendung kam, bot dabei die Möglichkeit, in einem sozial eher homogen zusammengesetzten Teilnehmerkreis wichtige Anliegen verschiedener Anspruchsgruppen ohne äußere Einschränkungen oder Vorgaben zu identifizieren, sich auszutauschen und schließlich in einem wechselseitigen Verständigungsprozess verschiedene Vorschläge für die politische Umsetzung zu priorisieren ([15], S. 6)."

In einer anschließenden Analyse ließen sich Meinungsbildungsprozesse in den meisten der Gruppen nachvollziehen: Der Austausch in den betreffenden Gruppen förderte den Wissensaufbau und Lernprozesse und trug bei einigen Teilnehmenden zu einer Perspektiverweiterung bei.

Zur Meinungsbildung lässt sich konstatieren, „dass ergebnisoffene, fair strukturierte und zwischenmenschlich ausgerichtete Diskussionsrunden auf Augenhöhe im Sinn des Fokusgruppen-Formats in der Lage sind, starre Haltungen aufzuweichen, indem sie zu einem Verständnis für die alltäglichen Herausforderungen der Lebenslagen anderer Teilnehmer:innen und zu einem gemeinsamen Verständnis der Sachlage sowie der Vor- und Nachteile verschiedener politischer Handlungsoptionen beitragen" ([15], S. 7).

3.8.2 Wie Meinungsbildung im Dialog gelingen kann

Als „Bedingungen für eine sachgerechte und ausgewogene Meinungsbildung durch Kommunikations- und Dialogangebote" ([15], Kap. 4) wurden insbesondere die Erreichbarkeit der Zielgruppen und einbezogenen Akteure benannt, das Schaffen fairer Diskursräume und Vertrauenswürdigkeit als Basis für gelingende Kommunikation.

Zur Förderung der Meinungsbildung in Diskussionsgruppen wurden folgende Elemente hervorgehoben ([15], S. 76–78):

Diskursive Fairness und Chancengleichheit: „Die Moderation sollte ein mögliches Machtgefälle zwischen Teilnehmenden sowie eine übermäßige Einflussnahme Einzelner auf die kollaborative Meinungsbildung ausgleichen. … Individuelle Unterschiede hinsichtlich des themenbezogenen Wissens, durch das sich einzelne Teilnehmende (implizit oder explizit) als Expert:innen auszeichnen, sollten von der Moderation berücksichtigt werden. … Die Moderation sollte daher aktiv auch Teilnehmende mit weniger Expertisestatus einbinden und insbesondere auf deren Erfahrung und Perspektive den Fokus richten. …

Homogenität und Heterogenität der Zusammensetzung: Es gehört zur geläufigen Praxis, Fokusgruppen bezüglich demografischer und sozioökonomischer Merkmale weitgehend homogen zusammenzusetzen. Hierdurch sollen die Gesprächsräume von allzu großen Konflikten freigehalten und gemeinschaftsfördernde Identifikationsprozesse im Gruppenplenum begünstigt werden, was wiederum die freie Meinungsäußerung der Teilnehmenden erleichtern soll. … Erst der Vergleich einer solchen Gruppe mit anderen, ebenfalls relativ homogen zusammengesetzten Gruppen ermöglicht Veranstaltern der Gespräche und Adressaten der Gesprächsergebnisse spezifische Erkenntnisse über die verschiedenen Perspektiven auf ein bestimmtes Thema. … Bei der Zusammensetzung einer meinungsbildungsorientierten Fokusgruppe sollte … [jedoch] auch Raum für heterogene Erfahrungen (etwa hinsichtlich der Nutzung bestimmter Technologien) eingeräumt werden. …

Quantität und Qualität sachlicher Ausgewogenheit: Um eine sachlich ausgewogene Diskussion, also die Thematisierung positiver wie auch negativer/kritischer Sichtweisen auf das jeweilige Thema, zu begünstigen, sollten Fragen zur Wahrnehmung von Nutzen, Chancen und Vorteilen genauso integriert werden wie zur Wahrnehmung von Hürden, Risiken/Bedenken und Nachteilen. …

Erwartungsmanagement und positive Gruppenatmosphäre: Ziele und Erwartungen von Fokusgruppengesprächen sollten bereits im Rahmen der

Teilnehmendengewinnung und zu Beginn der jeweiligen Sitzung explizit und umfänglich erläutert werden. …

Wissensaufbau durch Information und Austausch: Lernprozesse sind wesentlicher Bestandteil jeder Meinungsbildung. Wissensaufbau ist dafür eine notwendige, aber keine hinreichende Bedingung. Aus der Notwendigkeit folgt, dass die Moderation die Teilnehmenden mit Informationen konfrontiert, die für die jeweilige Gruppe neu sind. …

Kontroversen auf Sachebene: Perspektivenvielfalt kann die Meinungsbildung unterstützen. Die Moderation kann hierzu gezielt Kontroversen anstoßen, etwa indem sie Gegenargumente ergänzt, die in der Diskussion bislang gefehlt haben. …

Sensibilität für Schwarz-Weiß-Denken: Die Moderation sollte insbesondere sensibel gegenüber dichotom geprägten Aussagen von Teilnehmerseite sein. Die Äußerung einer Schwarz-Weiß-Sicht sollte im Fokusgruppengespräch niemals unkommentiert bleiben, denn derartige Aussagen führen zu zunehmender Polarisierung im Diskurs und stehen einer sachgerechten und ausgewogenen Meinungsbildung entgegen."

3.9 Zwischenfazit

Zwischenzeitlich gibt es in Deutschland vielfältige Ansätze und Erfahrungen mit Dialogveranstaltungen, von denen hier ein kleiner Ausschnitt vorgestellt wurde. Aber bereits dieser Ausschnitt kann Möglichkeiten und Herausforderungen der Formate verdeutlichen.

Literatur

1. Borgmann M (2005) Evaluation Synthesis zu Angeboten der Wissenschaftskommunikation im Rahmen der Evaluation des „Jahrs der Technik 2004". https://www.univation.org/download/EvalJDT_Evaluation-Synthesis_050130.pdf
2. WiD, ZIRN (2011) Abschlussbericht Forschungsprojekt „Wissenschaft debattieren!" (124 S)
3. WiD, ZIRN (2011) Leitfaden Schülerforum. https://wissenschaft-im-dialog.de/documents/75/Leitfaden_Schuelerforum.pdf
4. WiD, ZIRN (2011) Leitfaden Junior Science Café – Schüler plaudern über Wissenschaft (92 S)

5. Quennet-Thielen C (2012) Der Bürgerdialog Zukunftstechnologien des BMBF Zeitschrift für Politikberatung (ZPB)/Policy Advice and Political Consulting, 5(2), 91–93
6. Decker M, Fleischer T (2014) Bürgerdialoge: „Die Notwendigkeit für solche Formate ist auf jeden Fall gegeben", Interview mit Dr. Christoph Braß über die Bürgerdialoge „Zukunftstechnologien und Zukunftsthemen" des BMBF. Technikfolgenabschätzung – Theorie und Praxis 23(2), 56–62
7. BMBF (2022) Ideenlauf: Gesellschaftliche Impulse für Wissenschaft und Forschungspolitik (Ergebnispapier). https://www.wissenschaftsjahr.de/2022/fileadmin/user_upload/1__Ideenlauf/IdeenLauf_Ergebnis.pdf
8. WiD (2023) Kommentierung IdeenLauf. https://wissenschaft-im-dialog.de/documents/168/Kommentierungsbericht_IdeenLauf_barrierefrei.pdf
9. WiD (2023) „Perspektiven verstehen, Barrieren erkennen, Mehrwerte schaffen". https://wissenschaft-im-dialog.de/documents/163/230207_IdeenLauf_Begleitforschung.pdf
10. https://www.merkur.de/boulevard/talkshow-deutschland-themen-teilnehmer-beispiel-90055109.html
11. https://www1.wdr.de/daserste/hartaberfair/ueberuns/hartaberfairindexsendungen100.html
12. https://www.grimme-preis.de/archiv/2005/preistraeger/p/d/hart-aber-fair-wdr
13. acatech (Hrsg) (2016) Technik gemeinsam gestalten. Frühzeitige Einbindung der Öffentlichkeit am Beispiel der Künstlichen Fotosynthese (acatech IMPULS). Herbert Utz Verlag, München
14. Collingridge D (1980) The social control of technology. Pinter, London
15. Renn O, Wörner J (Hrsg) (2024) Unterstützung von Meinungsbildung im digitalen Wandel. Wirkungsanalyse exemplarischer Kommunikations- und Dialogangebote (Technologischen Wandel gestalten). acatech, München

4

Das Dana Centre

> Nach der Darstellung von Dialogformaten in Deutschland soll ein exemplarischer Blick in die internationale Dialogszene zeigen, wie ähnlich die Ziele und Herausforderungen des Dialogs auch andernorts sind. Das Dana Centre war eine an das Science Museum in London angegliederte Einrichtung, in der über mehr als zehn Jahre (2003–2015) ein Dialogverständnis und die entsprechenden Indikatoren hierzu entwickelt wurden, und kann als ein Leuchtturm des Wissenschaftsdialogs gelten.

4.1 Dialog im Dana Centre

Im Dana Centre in London wurden über Jahre hinweg Dialogformate mit spezifischer Zielgruppe veranstaltet – und das in einer sowohl zweckmäßigen als auch stilvollen und attraktiven Umgebung [1, 2]. Das Dana Centre wollte die Öffentlichkeit (speziell die Zielgruppe der 18–45-Jährigen) für Wissenschaftsthemen interessieren und darüber ins Gespräch bringen. Tagesaktuelle Themen aus der Wissenschaft sollten Teil des öffentlichen Dialogs werden: „The Dana Centre is a stylish, purpose-built venue, complete with a cafébar, appealing to adults. It is a place for them to take part in exciting, informative and innovative debates about contemporary science, technology and culture" (http://www.danacentre.org.uk/about.asp, Archivseite 3.3.2006).

In dem eigens eingerichteten und Ende 2003 eröffneten Gebäude fanden mehrmals wöchentlich zweistündige Veranstaltungen mit jeweils rund 70 Teilnehmenden statt. Bei den Veranstaltungen diskutierten Experten und Laien öffentlichkeitsrelevante Wissenschaftsthemen, wie z. B. Gentechnik, Kernenergie oder Internetregulierung.

Eine mehrmonatige Pilotphase mit 16 Veranstaltungen [3] ging dem eigentlichen Betrieb des Dana Centre voraus.

4.2 Indikatoren des Dialogs

Das Dialogverständnis wurde im Dana Centre wie folgt beschrieben [4]: „By dialogue we mean ‚A process of communication in which two or more participants engage in an open exploration of issues and relationships on an equitable basis.' Dialogue is the exchange of ideas, opinions, beliefs, and feelings between participants – both speakers and audience. It is listening with respect to others and being able to express one's own views with confidence.

Dialogue is not:

- silence
- chaos
- one person or faction monopolizing the session."

Auf Grundlage der Erfahrungen in der Pilotphase wurden im Dana Centre Indikatoren entwickelt, anhand derer Dialog (im Gegensatz zu reinen Informationsformaten) bis heute erkannt werden kann:

Dialogindikatoren
- Discussion requires little or no encouragement from the chair – audience are keen to ask questions or express points of view
- Discussion moves forward i.e.
  - new issues are raised that relate to previous questions or comments;
  - the discussion does not get stuck on particular points;
  - particular lines of discussion are followed e.g. a question is asked, an answer given, a follow-up question is asked, this question is addressed and so on.
- Audience express opinions and statements of belief e.g. I could never … cloning is unnatural; animal testing has to be done.
- Questions are not predominantly factual e.g. What is a stem cell? What drugs are used in euthanasia?
- Questions are mostly

– rhetorical i.e. a question that aims to make a point and express an opinion rather than to elicit information
  – exploratory e.g. if you really believe x then why do you …
  – challenging e.g. how can you possibly justify …
- New, relevant information is provided by members of the audience
- Contributors reflecting the language of previous speakers/questioners in what they say i.e. actively listening and referring to previous points or questions
- Distinct camps of opinion can be detected among the audience – audience express agreement or disagreement with different points of view
- Contributors express their opinions with emotion
- Audience readily participates in voting i.e. few, if any, abstentions

(www.danacentre.org.uk/aboutus/eventdiy, Archivseite 3.3.2006)

Die im Dana Centre zusammengetragenen Ansätze zu Dialog in der Wissenschaftskommunikation sind eine gute Basis für die Konzeption und Weiterentwicklung eigener Formate. So beeindruckend die mehr als ein Jahrzehnt andauernden Aktivitäten und so hilfreich die Anregungen des Dana Centre bis heute sind – 2015 wurde der Betrieb der Dialogeinrichtung eingestellt.

Literatur

1. Davies SR (2009) Doing dialogue: genre and flexibility in public engagement with science. Science as Culture 18(4):397–416
2. Davies SR (2011) The rules of engagement: power and interaction in dialogue events. Public Underst Sci 22(1):65–79
3. Science Museum Visitor Research Group (2004) Evaluation of 18 months of Contemporary science dialogue events. https://visitors.org.uk/wp-content/uploads/2004/01/Dana-Centre-front-end-evaluation-report.pdf
4. Gammon B, Burch A (2003) „Indicators of Dialogue." Unpublished Science Museum paper

5
Die Reihe „acatech am Dienstag"

5.1 Das Format

> Mit der Veranstaltungsreihe „acatech am Dienstag" bringt die Deutsche Akademie der Technikwissenschaften regelmäßig aktuelle und kontroverse Technikthemen in die Diskussion (https://www.acatech.de/dialog/acatech-am-dienstag/). Nach dem Vorbild des Dana Center (Kap. 4) wurde ein Ort des Dialogs geschaffen, an dem nun seit bereits zehn Jahren Fachleute und Interessierte – Vertreterinnen und Vertreter aus Politik, Wissenschaft, Wirtschaft, weiteren gesellschaftlichen Gruppen und Medien – ins Gespräch über Zukunftsfragen kommen.

Diskutiert werden Technikthemen, die in der gesellschaftspolitischen Diskussion sind, oder auch neue Technologien und Visionen, von denen in der Öffentlichkeit noch nicht so viel bekannt ist. Es geht um „Technik und Gesellschaft" – von aktuellen Projektthemen der Akademie über weitere Technikthemen mit hoher gesellschaftlicher Relevanz bis hin zu künstlerischen Reflexionen. Im Vordergrund stehen nicht technische Details, sondern gesellschaftliche Implikationen.

Ziel ist der fokussierte und intensive Dialog von Fachleuten mit interessierten Teilen der Gesellschaft. Die Akademie soll als Dialogforum sichtbar werden, auch neue Themen und Fragestellungen sollen für acatech identifiziert werden.

acatech am Dienstag findet regelmäßig im acatech Forum am Münchener Karolinenplatz statt, aber auch an anderen Orten und online, wobei vielfältige Formate (Abschn. 7.4) möglich sind. Präsenzveranstaltungen finden zudem als Kooperationsveranstaltungen mit Partnern wie Volkshochschulen, kirchlichen Akademien, Stiftungen, Museen … an unterschiedlichen Standorten statt. Die Kooperationspartner erweitern die thematische Perspektive und ermöglichen es, auch neue Zielgruppen zu erreichen.

Im Folgenden werden – thematisch sortiert und im Sinne eines Panoramas – einige Veranstaltungen der Reihe vorgestellt, um anhand konkreter Beispiele den Zusammenklang von Themen, Ablauf und Formaten vorzustellen. In der Handreichung (Kap. 7 und 8) wird auf einzelne Beispiele und deren Besonderheiten Bezug genommen.

5.2 Themenbeispiele Energie und Klima

Drei Veranstaltungen zum Thema sind hier so angeordnet, dass eine Tendenz von „eher informierend" hin zu „deutlicher Kontroverse" erkennbar ist:

Beim „ökologischen Fußabdruck der Digitalisierung" [5.2.1] ging es eher um Information: Es besteht allgemeine Einigkeit darüber, dass Digitalisierung für jeden Einzelnen und die Gesellschaft als Ganzes gut ist und der Fußabdruck möglichst klein sein soll. Das Thema „Geoengineering" [5.2.2] zeigte neuartige Möglichkeiten technischer Wetter- und Klimabeeinflussung und stellte dazu verschiedene Bewertungen zur Diskussion. Die Veranstaltung zu „Energiewende und Klimaschutz" [5.2.3] machte noch deutlicher, welche unterschiedlichen Einschätzungen und Bewertungen hier möglich sind, und brachte zusätzlich die Rolle der Politik ins Spiel.

5.2.1 „Der ökologische Fußabdruck der Digitalisierung"

Die Veranstaltung mit dem Titel „Der ökologische Fußabdruck der Digitalisierung" vermittelte Information zum Energieverbrauch und zu anderen Umweltauswirkungen der Digitalisierung (vgl. Nachbericht https://www.acatech.de/allgemein/der-oekologische-fussabdruck-der-digitalisierung/). Das Schlagwort „ökologischer Fußabdruck" erregte Aufmerksamkeit und erzeugte mediale Resonanz.

Als Fachleute auf dem Podium waren: der Leiter eines Rechenzentrums, eine Vertreterin eines IT-Unternehmens sowie ein Ethiker, der auch die Gesellschaftsperspektive einbrachte. Ziel der Podiumsbeiträge war, das Thema zu konkretisieren und Möglichkeiten der Energieeinsparung im thematisierten Bereich aufzuzeigen.

Der Leiter des Rechenzentrums aktivierte zu Beginn seines zehnminütigen Vortrags das Publikum mit Fragen überwiegend zum persönlichen Energieverbrauch (Welche Einheit hat der Stromverbrauch? Wie hoch liegen die Stromkosten des eigenen Haushalts? Welche Kosten fallen jährlich an für den Energieverbrauch des eigenen Smartphones?), nannte den Energieverbrauch und die Energiekosten eines Rechenzentrums im Vergleich und zeigte, dass durch den vermehrten Einsatz von KI eine deutliche Zunahme dieser Kosten erwartet wird.

Kommentiert wurde der Beitrag in jeweils 5 min von den beiden anderen Fachleuten, wobei neue Aspekte einflossen sowohl von Wirtschaftsseite (Stromverbrauch als Kostenfaktor für IT-Unternehmen, Trend zu kleineren, stromsparenden KI-Modellen) als auch aus der Gesellschaftsperspektive (in der allgemeinen Begeisterung über die Möglichkeiten der KI-Anwendungen seien Schattenseiten, wie z. B. der erhöhte Energie- und Rohstoffbedarf, zu spät thematisiert worden). Weitere Perspektiven wären durchaus noch denkbar gewesen, beispielsweise die Digital- oder Energiepolitik.

Es schloss sich eine Podiumsdiskussion von 15 min zur Vertiefung des Themas und der Perspektiven an. Die Podiumsdiskussion könnte durchaus kürzer sein, um schneller in die Diskussion mit dem Publikum zu kommen. Generell ist je nach Thema und Zielgruppe die zeitliche Länge des Inputs (Vorträge und Podiumsdiskussion) individuell einzuplanen: Manche Teilnehmer sind enttäuscht, wenn zu wenig Information präsentiert wird, andere möchten sich frühzeitig einbringen und mitdiskutieren.

Auf dem Podium war man sich einig, dass Digitalisierung wichtig ist, der wachsende Energiebedarf jedoch ein Problem ist.

Im Saal saßen rund 80 Personen (Reihenbestuhlung), es fanden zudem ein Livestream und eine Aufzeichnung (verfügbar im oben verlinkten Nachbericht) statt. Publikumsfragen wurden mit einem Mikrofon verstärkt; das nimmt zwar etwas von der Spontaneität, bringt aber – neben der akustischen Verständlichkeit – eine klare Struktur und zeigt, wer gerade redet.

In der Plenumsdiskussion wurde das Thema ausgeweitet (Diskriminierung durch KI-Algorithmen, mediale Bildung, Klimawandel …). Es ist eine Abwägungssache der Moderation, wie stark man dies zulässt und das Umfeld (oder anders gesehen: die großen gesellschaftlichen Herausforderungen) beleuchtet. Eine zu starke Fokussierung ist dem Thema und Format oft gar nicht dienlich und durch die Themenausweitung kommen mitunter auch neue Punkte auf, die beispielsweise in einer Folgeveranstaltung thematisiert werden können.

5.2.2 „Rettung oder Risiko? Geoengineering und der Kampf gegen den Klimawandel"

Thematisiert wurde bei dieser Veranstaltung im Kontext „Klimawandel" der spezifische Ansatz des „Geoengineering", der noch nicht in der Anwendung und in der öffentlichen Diskussion ist (https://www.acatech.de/allgemein/ rettung-oder-risiko-geoengineering-und-der-kampf-gegen-den-klimawandel/ Nachbericht, ohne Aufzeichnung).

Nach einem zwanzigminütigen Impulsvortrag durch einen Klimaökonomen (zugeschaltet über Video) zum Thema „Was ist Geoengineering?" folgten kurze kommentierende und ergänzende Statements aus Sicht der Umwelt- und Risikoforschung.

Daran anschließend wurden an Gruppentischen (8 Tische mit je 8 Teilnehmern, Abb. 5.1) Verständnisfragen und kontroverse Positionen thematisiert: Gibt es noch offene Fragen zum Thema Geoengineering? Wie schätzen Sie diese Technologie ein? Wann ist es Zeit für Geoengineering? Wie entscheiden wir, wann der Einsatz notwendig ist? Wer entscheidet über den Einsatz von Geoengineering? Angesichts der vielen Fragen wurden die Teilnehmenden aufgerufen, sich Fragen auszuwählen.

Abb. 5.1 Tischgruppen bei der Veranstaltung zu „Geoengineering und der Kampf gegen den Klimawandel"

Die meisten Teilnehmenden beteiligten sich an der Diskussion. Durch eine Kooperation (mit der Bayerischen Landeszentrale für Politische Bildungsarbeit) waren auch Schulklassen eingebunden. Auf diese Weise waren verschiedene Altersgruppen vertreten, und auch eine Diskussion über die Generationen funktionierte. Da die Tische absichtlich „gemischt" besetzt wurden, entstanden keine reinen Schülertische.

Die Fachleute im Raum traten bei aufkommenden Fachfragen an die Tische und standen Rede und Antwort. (Eine ausführliche Diskussion mit dem Impulsgeber war leider nicht möglich, weil nur über Video zugeschaltet.) Anschließend wurden Fragen, Kommentare und Meinungen von den Tischen gesammelt, die Fachleute hörten aufmerksam zu, beantworteten Verständnisfragen und reagierten auf die Kommentare und Meinungen.

5.2.3 „Energiewende und Klimaschutz – Herausforderung und zugleich Chance für die deutsche Industrie?"

Hier wurde das aktuelle und kontroverse industriepolitische Thema „Energiewende und Klimaschutz – Herausforderung und zugleich Chance für die deutsche Industrie?" behandelt (Nachbericht: https://www.acatech.de/allgemein/energiewende-und-klimaschutz/): Sind wir Zeuge einer Deindustrialisierung oder eines notwendigen Strukturwandels? Welche Industriepolitik brauchen wir in Deutschland, ohne den Klimaschutz zu vernachlässigen?

Zur Einführung und Begrüßung stellten sich im Sinne von Transparenz auch hier die beteiligten Institutionen vor, erläuterten ihre Kompetenzen, Ziele und Interessen am Thema.

Die Moderatorin führte ein und warf die Frage auf: Schaffen wir es, Klimaschutz und Wirtschaftswachstum zu kombinieren? Als Ablauf schlug sie einen Dreischritt vor: Diagnose, Therapie(vorschläge), Publikumsfragen.

Die Moderatorin saß an der Seite des Podiums und hatte damit einen Überblick über die Podiumsgäste (ohne ständig nach links und rechts schauen zu müssen). Dass die anderen Podiumsgäste standen (Abb. 5.2), führt zur berechtigten Frage, ob ein „Dialog auf Augenhöhe", bei dem alle entweder stehen oder sitzen, stimmiger wäre.

Die Impulsvorträge stellten eine Diagnose aus Sicht der Ökonomie und der Wirtschaft (BDI-Präsident und Unternehmensvertreter). Das erscheint auf den ersten Blick fachlich einseitig („Ökonomie und Wirtschaft"), beleuchtet

Abb. 5.2 Das Podium der Veranstaltung „Energiewende und Klimaschutz"

aber relevante Aspekte aus verschiedenen Interessenlagen. Alternativ wäre hier auch die Perspektive „Politik" relevant, aber: Welche Partei und welche Ebene (Bund/Land bzw. Ministerium/Abgeordnete) wäre vertreten? Eine „Vollständigkeit der Perspektiven" kann es in einer einzelnen Veranstaltung nie geben.

An die Impulse (25 min) schloss sich eine Podiumsdiskussion an (45 min). Hierzu wurden im Vorfeld Leitfragen und Themen abgestimmt, damit sowohl grundlegende ökonomische Informationen als auch Detailinformationen zur Sprache kommen. Die Fachleute auf dem Podium reagierten aufeinander, die Moderatorin lenkte durch die relevanten Themenfelder und forderte durch Nachfragen gezielt Erläuterungen und Vertiefungen ein.

Im Saal saßen rund 130 Personen (Reihenbestuhlung), es gab zudem einen Livestream und eine Aufzeichnung (verfügbar im oben verlinkten Nachbericht). Tatsächlich waren Publikumsfragen erst sehr spät möglich und es zeigte sich, dass ein Dialog mit dem Publikum nach mehr als einer Stunde Podiumsgeschehen kaum möglich ist: Das Publikum war in eine passiven Haltung geraten. Möglicherweise war die Fülle an angesammelten Informationen im Raum zu groß. Viele Zuschauer hatten möglicherweise das Gefühl, nicht an das „Niveau" der Podiumsdiskussion anschließen zu können oder freuen sich bereits auf das Get-together, bei dem tatsächlich ein informeller, lebendiger Austausch aller Teilnehmenden ermöglicht wurde.

5.3 Themenbeispiele Medizindaten und Datenschutz

Hier werden zwei Veranstaltungen zu einem ähnlichen Thema vorgestellt. Es handelt sich jeweils um Podiumsdiskussionen, die jedoch unterschiedlich besetzt, mit unterschiedlichem Ablauf geplant wurden und verschiedene Arten nutzen, das Publikum einzubeziehen,

5.3.1 „Gesundheit in Zeiten von Big Data"

Für eine Veranstaltung mit der Evangelischen Stadtakademie wurden im Titel „Gesundheit in Zeiten von Big Data" plakativ Stichworte zum Thema genannt, während im Untertitel „Wer soll meine medizinischen Daten nutzen können?" die konkrete Fragestellung des Abends deutlich wurde (https://www.acatech.de/allgemein/gesundheit-in-zeiten-von-big-data/, mit Aufzeichnung). Ausgangspunkt war eine acatech-Publikation [1], in der angesichts des Nutzens von Gesundheitsdaten eine öffentliche Debatte angeregt wird.

Das Thema wurde durch einen Einleitungsvortrag (20 min) eröffnet mit einer Einführung zu KI in der Medizin anhand konkreter Beispiele mit folgenden Fragen aus Sicht eines Unternehmens in der Rolle eines potenziellen Datennutzers: Wofür brauchen Unternehmen die Daten? Was kann KI? Welche Möglichkeiten ergeben sich aus Anwendungen von KI in der Medizin?

Es reagierten anschließend Podiumsteilnehmer mit Perspektive „Ethik" und eine Vertreterin Ärzte/Patienten in Form von Kommentaren. Die Diskussion ging daraufhin rasch ins Plenum, sodass sich alle beteiligen konnten. Thematisiert wurden Aspekte der Datensicherheit, Freiwilligkeit und Solidarität der Datenfreigabe, die Aufklärung der Patientinnen und Patienten über den Nutzen der Gesundheitsdaten in der Forschung sowie die Frage, wem die Gesundheitsdaten eigentlich gehören.

5.3.2 „Datenspende für KI in der Medizin – eine Frage des Gemeinwohls?"

Das Thema wurde später noch einmal in einer Veranstaltung gemeinsam mit der Bayerischen Akademie der Wissenschaften beleuchtet, diesmal stärker an der Wissenschaft orientiert (https://www.acatech.de/allgemein/datenfreigabe-fuer-ki-in-der-medizin/, mit Audiomitschnitt).

In der Vorbereitung wurde unter den Veranstaltern die Frage diskutiert, wie der Titel zu formulieren sei: „Datenspende" ist positiv konnotiert, aber auch unpräzise. Wäre „Datenfreigabe" treffender, wenn auch abstrakter?

Der einleitende Impulsvortrag eines Juristen brachte konkrete Beispiele und bezog das Publikum mit Fragen ein: „Haben Sie schon einmal etwas gespendet?" – mit dem erwarteten Ergebnis einer Bejahung von fast 100 %. Die sensibleren Fragen zur eigenen Bereitschaft, Daten für KI in der Medizin zu spenden, wurden über Mentimeter anonym abgefragt. Es schlossen sich Bemerkungen zur Rechtslage an, insbesondere zur elektronischen Patientenakte.

Eine Ärztin und ein Unternehmensvertreter stellten in Statements (jeweils einige Minuten) ihre eigenen Prioritäten vor (u. a. das besondere Vertrauensverhältnis zum Patienten) sowie Chancen und Herausforderungen aus ihrer Sicht. Ein Vertreter der Patientenseite wäre hier noch denkbar gewesen; allerdings gibt es auch auf dieser „Patientenseite" viele verschiedene Bewertungen des Themas, aus denen ausgewählt werden müsste.

Ein Vertreter des bayerischen Gesundheitsministeriums stellte die Position der Staatsregierung vor, verwies auf die besondere Bedeutung von Gesundheitsdaten. Voraussetzung dafür sei eine patientenzentrierte Digitalisierung im Gesundheitssystem.

Der große Saal der Bayerischen Akademie der Wissenschaften (hier mit ca. 130 Besuchern) war mit den Besucherreihen und dem Podium auf einer Bühne so bestuhlt, dass die Reihen zum Podium orientiert waren (Kinobestuhlung). „Dialog" konnte primär auf der Bühne stattfinden. Um das Publikum mit mehr als nur einzelnen Fragen und Kommentaren einzubeziehen, wurden kurze Umfragen (per Mentimeter, Murmelgruppen) durchgeführt (siehe Kasten „Beispiele für Leitfragen und Publikumsfragen" für diese Veranstaltung).

Die Veranstaltung wurde mit einer Abschlussfrage an die Podiumsgäste beendet: „Welcher Hebel hätte Ihrer Meinung das größte Verbesserungspotenzial, um eine angemessene Datennutzung für KI in der Medizin zu ermöglichen?" Mit dieser Frage kann nach vorne geschaut und – statt sich nur auf aktuelle Probleme zu beschränken – ein „Verbesserungspotenzial" benannt werden.

Beispiele für Leitfragen und Publikumsfragen
Folgende Fragen wurden in der Vorbereitung der Veranstaltung als Leitfragen identifiziert und formuliert:

- Rechtfertigen die Potenziale von KI eine solidarische Pflicht zum Datenteilen? Besteht aus gemeinwohlorientierten Gründen eine moralische Verpflichtung, die persönlichen Gesundheitsdaten zu teilen?
- Wie gelingt das Teilen von Daten? Wie kann ein Ausgleich zwischen der individuellen Datensouveränität und dem Mehrwert der Daten für die Solidargemeinschaft erreicht werden?
- Wie kann ein Kompromiss gefunden werden zwischen potenziellen Gefahren und dem Nutzen? Welches „Risiko" kann eingegangen werden / ist vertretbar?
- Welche Maßnahmen sind nötig, um Datenteilen möglich zu machen und eine hohe Qualität der Gesundheitsdaten sicherzustellen, damit eine zuverlässige Entwicklung und Forschung möglich sind (Infrastruktur, Regulatorik, Information der Bevölkerung)?

Als Reaktion auf die Veranstaltungsankündigung (LinkedIn) gab es eine weitere Fragestellung:

- Wie werden die Spender am Gewinn beteiligt, wenn aus den Datenspenden ein Geschäftsmodell hervorgeht?

Die Mentimeterfragen an das Publikum waren folgende:
1) Einschätzungen („Widerspreche sehr stark" bis „Stimme sehr stark zu") zu folgenden Aussagen:

- KI wird in den nächsten Jahren zu entscheidenden Fortschritten in der Medizin führen.
- Ich bin selbst bereit, meine pseudonymisierten Gesundheitsdaten für Forschung in der Wissenschaft zur Verfügung zu stellen.

2) Was würde Sie davon abhalten, Ihre Daten für KI-Anwendungen bereitzustellen (Multiple Choice):

- Datenmissbrauch,
- Nachteile im Berufsleben,
- kommerzielle Ausnutzung,
- Nachteile im Versicherungsschutz,
- keine funktionierende Infrastruktur (z. B. ePA, Telematik etc.),
- sonstige Gründe?

3) Für welche Zwecke würden Sie Ihre Gesundheitsdaten bereitstellen (Multiple Choice):

- Erforschung von Krankheitsursachen,
- Weiterentwicklung von Medikamenten,
- Entwicklung von Medizinprodukten zur Diagnose und Therapie,
- Verbesserung meiner eigenen Gesundheitsversorgung,
- zweckungebunden?

4) Einschätzungen („Widerspreche sehr stark" bis „Stimme sehr stark zu") zu folgender Aussage:

- Die Potenziale von KI für die Gesundheit können eine solidarische Pflicht zum Datenteilen rechtfertigen.

5.4 Themenbeispiele Ernährung

Essen und Ernährung sind sowohl für den Einzelnen als auch in globaler Perspektive wichtige Themen. Die Verbindung zu wissenschaftlichen Fragen ist daher besonders attraktiv und bietet immer wieder Anlass für Veranstaltungen.

5.4.1 „Wie sieht die Zukunft der Ernährung aus?"

Selbstverständlich kann das Thema in einer einzelnen Veranstaltung nicht umfassend behandelt werden. In Abstimmung mit den Referentinnen und Referenten wurde unter dem Titel „Nachhaltig, sicher, genussvoll – wie sieht die Zukunft der Ernährung aus?" das Thema „Resilienz der Versorgungsketten" ins Zentrum gestellt (https://www.acatech.de/allgemein/nachhaltig-sicher-genussvoll-wie-sieht-die-zukunft-der-ernaehrung-aus/, mit Videoaufzeichnung).

Der Ankündigungstext dieser Veranstaltung ist knapp gehalten:

Nachhaltig, sicher, genussvoll – wie sieht die Zukunft der Ernährung aus?
Was und wie essen wir – heute und in Zukunft? Ist die Sicherung der Nahrungsversorgung in Deutschland ein Problem? „acatech am Dienstag" im Salon Luitpold thematisiert, wie wichtig die Resilienz unserer Versorgungsketten auch für Nahrungsmittel ist – und was eine genussvolle Ernährung ausmacht. Die Diskussion bewegt sich im Spannungsfeld zwischen regionaler Produktion und globalen Lieferketten, Fehlernährung und Ernährungsphysiologie, Vorratshaltung im Keller und Vertical Farming, Resteessen und Sterneküche.
https://www.acatech.de/termin/acatech-am-dienstag-wie-sieht-die-zukunft-der-ernaehrung-aus/

Die Veranstaltung im Münchner Cafe Luitpold, also einem Ort der Kulinarik, begann mit einem Gespräch mit dem Küchendirektor, der an dem Abend für die Besucher ein eigenes Menü im Zusammenhang mit den Diskussionsthemen zusammengestellt hatte. Da der Küchendirektor anschließend an die Arbeit musste, also nicht auf dem Podium mitwirkte, wurde das Vorgespräch im Stehen mitten im Cafe geführt.

Anschließend wurden die drei Podiumsgäste der Reihe nach in ihrer Rolle eingeführt und brachten ihre kurzen Impulse (ohne Folien, weil die Projektion im Café technisch eher umständlich wäre, aber insbesondere, um eine Gesprächsatmosphäre zu befördern). Es schloss sich eine kurze Diskussionsrunde auf dem Podium an.

Für die Diskussion sammelte der Moderator Fragen von den Teilnehmern mit dem Mikrofon ein. Es hat sich bewährt, nicht nur auf Handmeldungen zu warten, sondern buchstäblich im Publikum nach Fragen und Kommentaren zu suchen. Das Publikum ließ sich auch aktivieren, indem gezielt Kollegen, Kolleginnen oder Fachleute mit ihrer Expertise im Publikum angesprochen werden. (Dabei soll kein Besucher genötigt werden, sich zu beteiligen, aber bisweilen wird in Körpersprache deutlich, dass jemand Fragen hat und diese gerne stellen würde.) Für die Schlussrunde kehrte der Moderator (in der Videoaufzeichnung 1:31:00) auf das Podium zurück.

5.4.2 „Wie schützen wir künftig unsere Pflanzen vor Schädlingen und Krankheiten?"

Ein anderes Beispiel aus dem Bereich „Ernährung" beleuchtet den Einsatz von Pestiziden: weniger mondän als im Salon Luitpold, eher sachlich im Auditorium des Deutschen Museums (https://www.acatech.de/allgemein/sichere-nahrungsversorgung-mit-weniger-pestiziden/). Der Ankündigungstext ist in diesem Fall konkreter, legt Hintergrund und Kontext dar:

Sichere Nahrungsversorgung mit weniger Pestiziden – wie schützen wir künftig unsere Pflanzen vor Schädlingen und Krankheiten?
Pflanzenschädlinge und -krankheiten zerstören bis zu 40 % der jährlichen Ernte. Der Klimawandel und menschliche Aktivitäten haben bereits heute Ökosysteme verändert, biologische Vielfalt verringert – und neue Nischen geschaffen. In diesen können Schädlinge mangels Fressfeinden häufig ungestört gedeihen.
Die stetige Zunahme des internationalen Reise- und Handelsverkehrs führt zu einer beschleunigten weltweiten Verbreitung dieser Schädlinge und Krankheiten. Klimawandel erweitert die Lebensräume und begünstigt die Ausbreitung von Schad-

organismen aller Art, sodass Kulturpflanzen in Mitteleuropa vor neuen Bedrohungen stehen. Die sichere Nahrungsmittelversorgung auch bei uns ist gefährdet.

Wie können wir der Ausbreitung von Pflanzenschädlingen und -krankheiten vorbeugend entgegenwirken? Wie reagieren wir gezielt, wenn sich diese bereits ausgebreitet haben? Und wie gelingt das mit weniger Pestiziden? Gibt es neue, wirkungsvolle technische Ansätze, die helfen, die Nahrungsversorgung zu sichern?

Im Hinblick auf den Internationalen Tag der Pflanzengesundheit am 12. Mai, fragt acatech am Dienstag weiter: Wie funktioniert das Immunsystem der Pflanzen? Welche technischen Lösungen tragen zu einem integrierten Pflanzenschutz bei? Wie kann eine Ausbreitung von Schädlingen durch Handel und Verkehr wirkungsvoll verhindert werden?

https://www.acatech.de/termin/acatech-am-dienstag-sichere-nahrungsversorgung-mit-weniger-pestiziden/

Unmittelbar vor der Veranstaltung hatten Besucher die Möglichkeit, eine Führung durch die Ausstellung „Landwirtschaft und Ernährung" des Deutschen Museums zu erleben und sich dem Thema im Dialog anzunähern (Abb. 5.3).

An den Anfang der Veranstaltung wurde (nach Begrüßung, Einleitung in das Thema und den Ablauf des Abends durch den Moderator) ein

Abb. 5.3 Ausstellungsbesuch im Deutschen Museum, „Landwirtschaft und Ernährung"

20-minütiger Vortrag zum Thema „Pflanzengesundheit" gestellt. Es folgten Kommentare von zwei weiteren Fachleuten zu den Themen „pflanzliche Immunantwort" und „Möglichkeiten der Pestizidreduktion". Es handelt sich hier um ein sehr breites Thema, das in diesem Fall aus der Perspektive von Wissenschaft (Julius-Kühn-Institut und Technische Universität München) und Wirtschaft (BASF SE) angegangen wurde. In der Veranstaltung wurde Informationsvermittlung betont, mit Vortrag, Fachkommentaren und Podiumsdiskussion. Die letzte halbe Stunde war vorgesehen für Fragen und Kommentare aus dem Plenum. Dabei wurde das Thema ausgeweitet, und in der Diskussion wurde die Komplexität noch deutlicher.

Literatur

1. Dössel O, Lenarz T (Hrsg.) (2023) Gesundheitsdatennutzung – sicher und souverän (acatech IMPULS), München 2023

6
Raum für „neue" Ideen

> Bis heute gehen die meisten Dialogveranstaltungen vom Modell „Podium mit Fachleuten" aus (Abschn. 2.6). Wie lässt sich dieses aufbrechen, etwa hin zu Konstellationen, in denen der Unterschied von Podium und Publikum aufgehoben ist? Für einen Austausch, der solche Gefälle gar nicht erst entstehen lässt, bieten Ansätze wie die Unterhausdebatte und die Aufstellung im Raum Inspirationen.

6.1 Wege zur Aktivierung der Teilnehmenden

Ob Dialog zustande kommt oder nicht, hängt zunächst von der Erwartungshaltung der Beteiligten ab. Immer wieder zeigt sich aber auch, dass die ersten Minuten einer Veranstaltung bestimmen, ob Dialog entsteht oder nicht. Abstimmungen oder Murmelgruppen (Abschn. 7.4) sind eine Möglichkeit zur Aktivierung der Teilnehmenden gleich zu Beginn, um gar nicht erst die Möglichkeit zu geben, in eine passive Rolle zu fallen. Erste Kontakte knüpfen, die Atmosphäre lockern und schließlich Themen diskutieren – die Aufhebung der Grenze zwischen Podium und Publikum kann auf viele Arten gelingen. Methoden der Erwachsenenbildung (https://erwachsenenbildung.at/aktuell/serie/methodenderwachsenenbildung.php#aktivieren-und-motivieren) nennen hier u. a. Speeddating (https://erwachsenenbildung.at/aktuell/nachrichten/9959-speed-dating-erfahrungen-frei-austauschen-und-diskutieren.php).

6.2 Unterhausdebatte

Die Unterhausdebatte orientiert sich an der Debattenform im britischen House of Commons (dem „Unterhaus"). „Das Publikum sitzt sich bei diesem Format jeweils in Stuhlreihen gegenüber und ist aufgerufen, seine Positionen durch die Sitzplatzwahl zum Ausdruck zu bringen. Beteiligt sind auch mehrere Expert*innen mit unterschiedlichen Perspektiven oder Erfahrungen zum jeweiligen Thema, die jeweils zu Beginn einen kurzen Input geben" (https://wissenschaft-im-dialog.de/projekte/ehemalige-projekte/formate-labor/). Die Teilnehmenden sollen zu kontroversen Statements oder Fragen Stellung beziehen und positionieren sich entsprechend ihrer Einschätzung (ja oder nein) auf einer Seite des Raumes. „Im Anschluss holt die Moderation Begründungen zur Entscheidung aus dem Publikum oder Einschätzungen seitens der Expert*innen ein. Ziel ist es, dass Zuhörende und Forschende über kontroverse Statements und Themen in einen Austausch treten" (https://wissenschaft-im-dialog.de/projekte/ehemalige-projekte/formate-labor/).

acatech und die Bayerische Akademie der Wissenschaften haben eine Unterhausdebatte zum Thema Mobilität ausgerichtet (Abb. 6.1). Während der Debatte „konnten die Gäste ihre Meinung zu einer bestimmten Mobilitätsfrage durch die Wahl ihres Sitzplatzes kundtun: Je nachdem, auf welche Seite des Mittelgangs man sich setzte, drückte man entweder seine Zustimmung oder Ablehnung zu einer Frage aus" (https://www.acatech.de/allgemein/

Abb. 6.1 Unterhausdebatte zur Mobilitätswende

unterhausdebatte-zur-mobilitaetswende/). Es beteiligten sich auch geladene Experten an der Debatte und wurden zu den Gründen für ihre Platzwahl befragt. Die Moderatorinnen „ermutigten die übrigen Teilnehmenden zum lautstarken Kommentieren der Beiträge – was zwar nicht zu derart hitzigen Szenen wie im englischen Unterhaus führte, aber dennoch vereinzelte Buh- oder Jubelrufe durch den Veranstaltungsraum in der Bayerischen Akademie der Wissenschaften tönen ließ" (https://www.acatech.de/allgemein/unterhausdebatte-zur-mobilitaetswende/).

Die Positionierung im Raum und damit im Meinungsspektrum, aber auch Zwischentöne können hier hör- und sichtbar gemacht werden.

6.3 Aufstellung im Raum

Ein anderes Format, das den Raum nutzt und auch Emotionen einbezieht, ist die systemische Aufstellung. Eine Kurzbeschreibung gibt die Entwicklerin des Formats „Politik im Raum", Ruth Sander: Ziel ist das Verständnis für Standpunkte und Verhaltensweisen. „Aus Fragen, Thesen, Herausforderungen leiten wir System-Elemente ab, die für die Beantwortung der Frage bzw. die Überprüfung der These wesentlich sind. Einige Teilnehmer stellen sich als RepräsentantInnen dieser Elemente zu Verfügung. Es entwickelt sich ein Prozess im Raum, der das Thema plastisch erfahrbar macht: Wir können es uns anschauen, hören die Aussagen der StellvertreterInnen, bekommen ein Gefühl für die räumlichen Verhältnisse und entwickeln Impulse, die Eskalations- und Deeskalationsmöglichkeiten der Situation aufzeigen.

In einer anschließenden Reflexionsrunde werten wir die Erfahrungen aus. Es geht nicht darum, sich auf eine gemeinsame Wahrheit oder einen kleinsten gemeinsamen Nenner zu verständigen, sondern die vielen Aspekte des Themas zu beleuchten und unsere Meinungen als gleichberechtigt nebeneinander stehen zu lassen" (https://politik-im-raum.org/politik-im-raum/).

Mit solch einer Aufstellung wurden bei einer acatech-Veranstaltung Ängste und Hoffnungen in Bezug auf den Einsatz von künstlicher Intelligenz in der Arbeitswelt deutlich (Abb. 6.2). Experten, Betroffene und Interessierte stellten auf diese Weise ihre Emotionen zum Thema dar und diskutierten anschließend miteinander. Ressentiments, die offensichtlich gegenüber KI bestehen, wurden sichtbar: „Die Anwesenden durften dafür in Rollen schlüpfen: der Mensch z. B. als Verlierer, gleichberechtigter Partner oder Profiteur der KI-Technologie. Entsprechend ihrer Rolle mussten sich die Gäste anschließend im Raum positionieren und sie mit Leben füllen. Insbesondere die Rollen ‚Mensch als Verlierer' und ‚Mensch als Kontrolleur'

Abb. 6.2 Aufstellung zum Thema KI

provozierten Diskussionen darüber, wie gestaltbar der technologische Wandel ist und ob die Entwicklungen alle dem Gemeinwohl dienen werden" (https://www.acatech.de/allgemein/acatech-am-dienstag-aufstellung-macht-emotionen-beim-thema-kuenstliche-intelligenz-sichtbar/).

6.4 Intelligence Squared

Dieses Format, entwickelt von einer englischen Organisation gleichen Namens, legt einen Schwerpunkt auf die mediale und interaktive Vor- und Nachbereitung einer Podiumsdiskussion: „Das Format bietet die Gelegenheit, bereits vorher Statements der Expert*innen zu kommentieren sowie über Social-Media Fragen zu stellen, so ist eine vielfältige Teilnahme an der Veranstaltung möglich. Diskutiert wird dabei auf einem Podium und in vier Phasen: Zuerst stellen die Expert*innen ihre Standpunkte kurz dar. Dann dürfen sich die Expert*innen gegenseitig Fragen stellen und untereinander diskutieren. Im dritten Teil ist das Publikum gefragt: Es kann sich nun per Wortmeldung oder auch online in die Diskussion einbringen. Zuletzt darf jede Expert*in ein kurzes Schlussstatement halten" (https://wissenschaft-im-dialog.de/projekte/ehemalige-projekte/formate-labor/).

Allgemein lässt sich dieser Ansatz als crossmediale Vernetzung und die Kombination synchroner und asynchroner Elemente beschreiben: Im Vorfeld werden Informationen zum Thema bereitgestellt und verschiedene Perspektiven dazu vorgestellt, mit der Möglichkeit einer Onlinekommentierung und der Möglichkeit, Fragen zu stellen. Diese werden online oder in der Präsenzveranstaltung aufgenommen. Im Nachgang der Veranstaltung wird vertiefendes Material, das im Licht der Diskussion oder zur Vertiefung hilfreich ist, bereitgestellt. Die Diskussion wird fortgeführt, vielleicht um das Thema einer Folgeveranstaltung zu finden.

Teil III

Handreichung für die Praxis

Nach Vorstellung des Hintergrundes und der Historie zum Dialog in der Wissenschaftskommunikation sowie einiger Beispiele folgt nun eine Ermunterung und Anleitung, Dialogveranstaltungen selbst zu planen, vorzubereiten, zu gestalten, selbst zu moderieren und weiterzuentwickeln.

Es gibt kein Patentrezept, aber viele Wege zum Dialog. Diese sollen hier vorgestellt werden, spannen Möglichkeitsräume auf, regen zum Weiterdenken an.

7

Planen

> Wie schafft man Orte und Prozesse der Begegnung und Dialogräume für den Austausch von Information, Meinungen und Ideen? Die Planung beginnt – wie in allen Bereichen der Wissenschaftskommunikation – mit Überlegungen zu Ziel und Zielgruppe. Thema und Format, Ort und Zeit, Sitzordnung und Catering – viele weitere Aspekte mit beliebiger Detailtiefe sind zu berücksichtigen und werden im Folgenden vorgestellt. Der Vorlauf beträgt typischerweise einige Monate

7.1 Ziele und Motive einer Veranstaltung

Warum machen wir die Veranstaltung? Wie bei allen Aktivitäten zur Wissenschaftskommunikation steht am Beginn die Frage nach dem Ziel und der Zielgruppe. Möchte man informieren, neue Sichtweisen darstellen und/oder in eine Kontroverse einsteigen? Wen möchte man erreichen, was können die Teilnehmenden in die Veranstaltung einbringen und daraus mitnehmen? Steht die Veranstaltung in einem längerfristigen Zusammenhang, beispielsweise als Teil einer Serie von aufeinander aufbauenden Veranstaltungen?

Ziele und Motive der Wissenschaftskommunikation
Die „Impact Unit" schlägt eine Typologie für Ziele und Motive der Wissenschaftskommunikation vor und unterscheidet: „*Ziele* beziehen sich auf einen angestrebten zukünftigen Zustand, der … eintreten soll. Die *Motive* des Projekts beziehen sich hingegen darauf, welche Personen, Organisationen, gesellschaftliche Systeme o. ä.

von dem Projekt bzw. von dem Zielzustand profitieren sollen" (https://impactunit. de/how-to-1-wisskomm-strategisch-planen/, S. 4).

Die Motive (siehe Kasten „Ziele und Motive der Wissenschaftskommunikation"), eine Dialogveranstaltung durchzuführen, sind meistens vielfältig und können darin liegen, die öffentliche Meinungsbildung zu fördern oder das Vertrauen in Wissenschaft zu stärken. Auch ist es legitim, dabei die eigene Institution als kompetente Dialogplattform zu etablieren. Vom Planungsbeginn bis hin zur Durchführung der Veranstaltung bewegt man sich mit den Motiven im Spannungsfeld zwischen gemeinwohlorientierter und interessengeleiteter Wissenschaftskommunikation.

Möglicherweise geht es auch darum, neue Formate der Wissenschaftskommunikation zu entwickeln.

Die konkreten Ziele einer Veranstaltung, die zu definieren, zu klären und zu kommunizieren sind, können ebenso vielfältig sein: Dialogveranstaltungen können insbesondere zum Informationsaustausch (nochmals betont: nicht nur in Richtung von der Wissenschaft hin zum Publikum, sondern zwischen verschiedenen Beteiligten, siehe Kap. 2) und zur Meinungsbildung (Abschn. 3.8) durch die Zusammenschau verschiedener Perspektiven dienen.

7.2 Zielgruppe

Wer soll erreicht werden? Wer soll Input liefern? Wer soll mitdiskutieren (und in welcher Form)? Welche Rolle haben die Teilnehmenden: Suchen sie Information, sind sie selbst Fachleute oder Betroffene? Einzelpersonen oder Angehörige von Bürgerinitiativen oder NGOs? Sind es Nichtüberzeugte und/oder Gegner einer bestimmten Technologie? Wer soll darüber hinaus zuhören können? Diese Fragen nach den Zielgruppen (siehe Kasten „Zielgruppen definieren") sind im Planungsverlauf und für die Ankündigung zu definieren und zu klären.

Zielgruppen definieren
Hilfreich zu Überlegungen und Definitionen zur Zielgruppe können die drei Hauptkategorien sein, die von der Impact Unit identifiziert worden sind (https:// impactunit.de/factsheet-nachdenken-ueber-zielgruppen/):

- soziodemografische Merkmale: Alter, Geschlecht, Beruf, Einkommen, Bildungsniveau …,
- Einstellungen und (Informations-)Verhalten (in Bezug auf Wissenschaft und Forschung): (Vor-)Wissen/Informiertheit/Kenntnisse, Interesse und Aufgeschlossenheit,

(Vor-)Einstellungen (z. B. Befürwortung oder Akzeptanz gegenüber einem bestimmten Thema), genutzte Informationskanäle und Informationsverhalten (z. B. Social Media, Zeitungen und Zeitschriften), Aufmerksamkeitsspanne, Erwartungen an Informationen (Länge, Art der Vermittlung etc.),
- Rolle der Zielgruppe (Betroffene, Entscheidungsträger, Stakeholder), besondere Beziehung zu Thema und Organisatoren im Speziellen (regelmäßige Teilnehmer, Nachbarn) oder zu Wissenschaft und Forschung im Allgemeinen (wissenschaftlicher Nachwuchs, keine Beziehung zu Wissenschaft etc.).

Diese Überlegungen helfen, Veranstaltungen zielgruppengerecht zu gestalten, passgenaue Einladungen zu entwerfen (Abschn. 8.3) und im Nachgang zu prüfen, wer tatsächlich erreicht wurde (Kap. 10).

Eine große Herausforderung der Wissenschaftskommunikation insgesamt ist, dass durch die meisten Formate vorwiegend dieselben Gruppen erreicht werden: Vorgebildete, Interessierte und diejenigen, die der Wissenschaft sehr vertrauensvoll gegenüberstehen. Wer sind die „schwer erreichbaren Zielgruppen", und wie erreicht man sie? An dieser Stelle kann die Frage nicht gelöst werden, sondern nur im Sinne einer Sensibilisierung darauf hingewiesen werden. Zahlreiche Akteure bemühen sich darum, Kommunikations- und Dialogformate zu entwerfen und zu erproben, „um die schwerer erreichbaren Gruppen besser beteiligen zu können" ([5], S. 5).

7.3 Thema

Die Themenwahl spielt eine wichtige Rolle bei allen Formaten der Wissenschaftskommunikation, wie Niklas Luhmann bemerkt hat: „Für die Gesellschaft ist nur das wirklich, was kommuniziert wird" [1].

Bei der Themenwahl ist zu definieren, was genau das Thema ist: Geht es (breit) um „Ernährung" oder (fokussiert) um Möglichkeiten des Vertical Farming in der Nachbarschaft?

Gemeinsam mit der Auswahl der Akteure auf dem Podium (mit jeweils spezifischer Fachrichtung, Perspektive, Position) wird das Thema schärfer umrissen: Geht es beispielsweise um den technischen Stand, die politische Einschätzung und/oder die wirtschaftliche Umsetzung?

Die Themenwahl wird von einer inhaltlichen Vorbereitung und Recherche zum Thema und möglichen Beteiligten begleitet. Ein Titel und eine inhaltliche Kurzbeschreibung der Veranstaltung (ein oder zwei Absätze) sind das Ergebnis. Der Ankündigungstext kann knapp gehalten sein, die Ausprägung des Themas teilweise offengelassen werden. Der Text kann aber auch ausführlicher sein, Hintergrund und Kontext darlegen sowie die Leitfragen enthalten, die mit den Fachleuten diskutiert werden sollen (Beispiel siehe Abschn. 5.3.2).

Fragen wie die folgenden helfen bei der thematischen Vorbereitung:

- Wen wollen wir erreichen, und wen erreichen wir tatsächlich?
- Über was und mit wem sprechen wir, und über was und mit wem sprechen wir nicht?
- Welche Themen und Perspektiven werden gewählt – und von wem?
- Ist der Begriff „Dialog" ergebnisoffen oder stehen Ergebnisse schon zu Beginn fest?
- Werden bestimmte Diskursräume tabuisiert?
- Welche Wirkung können diese Dialoge haben?

7.4 Welches Format?

Wenn Ziele, Zielgruppe und Thema umrissen sind, geht es an Überlegungen zu Ablauf, Dramaturgie und Format.

Ausgehend von konventionellen Formaten wie einer Vortragsveranstaltung mit Diskussion oder einer Podiumsdiskussion gibt es, wie auch bereits in Teil II vorgestellt, sehr viele Möglichkeiten und Formate für Dialogveranstaltungen, so hinsichtlich der Elemente einer Veranstaltung:

- Vortrag,
- Fragen und Antworten,
- Podiumsgespräch,
- Murmelgruppen/Tischgespräch,
- Abstimmungen (Handzeichen, Mentimeter etc.),
- „Advocatus diaboli"-Methode (vgl. 8.7),
- theatralische Intervention, Tanz,
- Serious Gaming,
- Besuch einer Ausstellung (vgl. Abschn. 5.4.2),
- Kinofilm,
- Abschlussrunde …

Ebenso gibt es viele Formate bezüglich der Gesamtveranstaltung, von denen hier einige exemplarisch genannt werden [vgl. https://www.wissenschaftskommunikation.de/formate/ etc.]:

- Vortrag mit Diskussion,

- Podiumsdiskussion,
- Talkshow,
- Performance,
- Science Slam (ggf. anschl. Fragen, Diskussion),
- Gaming, Wettbewerb (Quiz gemeinsam in Kleingruppen lösen etc.?),
- Konversation,
- Unterhausdebatte (Abschn. 6.2),
- Aufstellung (Abschn. 6.3)
- …

7.5 Termin und Ort

Gemeinsam mit der Formatentwicklung sollte die Terminfindung und Wahl des Ortes erfolgen.

Der Ort kann passend zum Thema und Format gewählt werden und auch einen zusätzlichen Anreiz bieten, teilzunehmen: Bei Ernährungsthemen (Abschn. 5.4) kann ein Restaurant oder Café ein geeigneter Raum sein (das ermöglicht außerdem eine Verkostung, vgl. das Beispiel zu Ernährung im Café Luitpold, Abschn. 5.4.1).

Ein Ausstellungsbesuch kann den Dialog vorbereiten (siehe Abschn. 5.4.2 zum Besuch der Ausstellung „Landwirtschaft und Ernährung" im Deutschen Museum). Oder man geht an ganz andere oder neue Orte der Wissenschaftskommunikation:

„Andersorte"
„Orte prägen Themen. Themen prägen Orte." Darauf hat sich das Tagungszentrum Burkardushaus in Würzburg besonnen, als Umbaumaßnahmen anstanden und der Domschule ihr fester Ort für Veranstaltungen fehlte: „Wir gingen daher an Orte und suchten nach den Themen, die mit diesem Ort verbunden sind. Bei jedem Andersort ist das eine spannende Phase: Unsere Vorstellungen der Themen treten mit den Gedanken der Menschen in Beziehung, die den Ort prägen. Für alle Beteiligten entstehen oft überraschende Entdeckungen, wenn man einem Ort und seinen Themen nicht ausweicht."

Besucht wurden u. a. ein Krematorium (zum Thema „Feuerbestattung und Auferstehung des Leibes"), ein Bahnhof (zum Thema Mobilität) und ein Finanzamt (Thema Verteilungsgerechtigkeit) (https://www.domschule-wuerzburg.de/projekte/andersorte).

Bei der Ortswahl ergeben sich auch bereits erste Überlegungen zur Bestuhlung (Abschn. 8.2).

7.6 Präsenz, online, hybrid

Soll die Veranstaltung an einem konkreten Ort stattfinden? Für reale Orte der Begegnung wird zu Recht plädiert (Kap. 2). Dialogveranstaltungen sind aber selbstverständlich auch online möglich und bieten konkrete Vorteile gegenüber Veranstaltung an einem realen Ort:

- Der organisatorische Aufwand und die Kosten sind geringer.
- Der Reiseaufwand entfällt für alle Teilnehmenden.
- Eine einfache und vollständige Dokumentation der Veranstaltung ist durch eine Aufzeichnung der Onlinediskussion möglich.
- Fragen und Kommentare der Teilnehmenden können durch Onlineinstrumente leicht gesammelt und beispielsweise von anderen Teilnehmenden priorisiert werden.
- Gruppendiskussionen lassen sich durch „Breakout-Rooms" technisch unkompliziert ermöglichen.

Präsenz, online, hybrid – Erfahrungen bei „acatech am Dienstag"
Die Veranstaltungen der Reihe „acatech am Dienstag" (Kap. 5) werden etwa zur Hälfte online durchgeführt (via Zoom). Der Vorteil ist hier die deutschlandweite oder auch internationale Reichweite und die gleichzeitige Möglichkeit der Aufzeichnung. Anfangs haben wir mit Kleingruppendiskussionen (die online technisch leicht erzeugt werden können) als Dialogelement experimentiert. Jedoch waren hier leider nur wenige Teilnehmende bereit, sich zu beteiligen. Die Diskussion findet daher nun – angelehnt an Präsenzveranstaltungen – mit Heben der elektronischen Hand und Redebeiträgen statt.

Sogenannte hybride Veranstaltungen können sinnvoll sein, aber der Aufwand sowohl für die Betreuung vor Ort als auch für die technische Ausstattung zur Übertragung ist grundsätzlich hoch. Ohne allzu großen Aufwand können Präsenzveranstaltungen gefilmt und als Livestream online gesendet werden. Eine Verknüpfung von Online- und Präsenzelementen soll also nicht ausgeschlossen werden, weitere Ideen für Hybridformate, in denen Vorteile der Präsenz- und Onlineveranstaltungen kombiniert sind und sich möglicherweise sogar ergänzen, werden gesucht.

Neben Präsenzformaten und Onlineveranstaltungen sind außerdem hybride Veranstaltungen in verschiedenen Ausprägungen möglich: Eine Präsenzveranstaltung kann für Interessierte, die nicht vor Ort teilnehmen können oder wollen, online übertragen/live gestreamt werden. Das entspricht von der Kommunikation her einer TV-Übertragung, und Onlineteilnehmende erhalten Informationen, als wären sie „stille Teilnehmer" im Raum. Auch hier gelten die bereits genannten Vorteile, nämlich dass eine Teilnahme „weltweit" möglich ist und gleichzeitig aufgezeichnet werden kann. Der Aufwand ist allerdings erhöht, weil sowohl die Vorbereitung vor Ort als auch die Onlineübertragung organisiert werden müssen. Es kann zudem den Effekt einer „Kannibalisierung" geben, wenn Teile des Publikums von zu Hause teilnehmen und dadurch für den Dialog vor Ort ausfallen.

Möchte man die Onlineteilnehmer in den Dialog einbeziehen – sei es per Chat, sei es per Videowortmeldung –, ergibt sich die Herausforderung von „zwei Dialogebenen": derjenigen im Raum und derjenigen der Zugeschalteten. Findet die Diskussion primär im Raum statt, können online Fragen über einen Chat, Abstimmungen etc. (z. B. über Mentimeter) gestellt werden und den Dialog damit erweitern. Mögliche Nebenfunktion: Diese Onlinetools können dann auch von den Personen im Raum genutzt werden, die ungerne vor Publikum Fragen stellen.

Hybrid bedeutet nicht notwendig, dass die Veranstaltung in einem Raum stattfindet und an einzelne Außenstehende online gesendet wird. Auch Gruppen, die sich in zwei verschiedenen Räumen befinden, lassen sich hybrid zusammenschalten: Das ist technisch aufwendiger, kann aber eine besonders intensive Interaktion ermöglichen. Es sind Dialogphasen in getrennten Räumen denkbar und zusätzlich ein zeitweises Zusammenschalten, wo dann Ergebnisse und Fragen (sinnvollerweise von Gruppensprechern) dargelegt werden.

Hybride Formate können auch entstehen, wenn ein Podiumsgast online zugeschaltet ist. Das ist ein Behelf, falls eine weite Reise z. B. aus Termingründen nicht möglich ist oder durch kurzfristige Gegebenheiten eine Absage die Alternative wäre. Bezogen auf die Onlinezuschaltung eines Podiumsgastes ist abzuwägen, ob man eher eine schwierigere (weil hybride) Dialogsituation (vgl. eine Veranstaltung zum Thema Geoengineering mit einem Referenten aus den USA, Abschn. 5.2.2) – oder die Abwesenheit in Kauf nehmen will bzw. Ersatz für diese Person und Perspektive findet. Um eine bestimmte Perspektive „dabei" zu haben, ist auch eine Einblendung eines Impulses (live oder Aufzeichnung) denkbar.

7.7 Kontroverse Dialogveranstaltungen planen

Selbst wenn verschiedene Perspektiven auf dem Podium vertreten sind und die Grundregeln der Dialogveranstaltungen befolgt wurden – oft sind sich alle (auf dem Podium und im Publikum) einig zur Relevanz und Bewertung des jeweiligen Themas. Am Ende ist das Resultat dann einfach: „gut, dass man darüber gesprochen hat". Bei Themen zu Energie und Klima (Abschn. 5.2) lässt sich gut erkennen, wie unterschiedlich der Charakter einer Veranstaltung im Spannungsfeld von Information und Kontroverse – abhängig von der Themenwahl – sein kann.

Kontroversen als Schlüssel zur Wissenschaft
Kontroversen sind zentral für die Wissenschaft und den Austausch mit der Öffentlichkeit [2]. Sie betreffen insbesondere Themen, die mit Risiken und Unsicherheiten behaftet sind, ethische oder politische Aspekte umfassen. Insofern sind Kontroversen bei Dialogveranstaltungen, die verschiedene Perspektiven zusammenbringen, fast immer mit im Raum.

Kontroverse Themen lassen sich entlang verschiedener Dimensionen einteilen ([3], S. 74, [4], S. 67):

- hohe wissenschaftliche Evidenz vs. große wissenschaftliche Unsicherheit,
- geringe vs. hohe Komplexität des Themas (viele ursächliche Faktoren, dabei gegenseitige Beeinflussung),
- geringe vs. große Pluralität an Einschätzungen (verschiedene Werte, Interessen),
- geringe vs. hohe gesellschaftliche Relevanz.

Das jeweils zweite Thema macht die Diskussion herausfordernder und „kontroverser". Dabei sind verschiedene Kombinationen möglich: Bereiche mit hoher wissenschaftlicher Evidenz können aus verschiedenen Perspektiven sehr unterschiedlich bewertet werden (z. B. Möglichkeiten der Präimplantationsdiagnostik). Sind wissenschaftliche Unsicherheit und das Spektrum der Bewertungsmöglichkeiten groß, wird es umso unübersichtlicher (z. B. Umgang mit der Coronapandemie). Fragen von großer gesellschaftlicher Relevanz (und damit hohem öffentlichem Interesse) sind für öffentliche Dialogveranstaltungen von vorneherein besser geeignet als innerwissenschaftliche Diskussionen (etwa zur Entdeckung neuer Elementarteilchen). Dabei ist jeweils zu berücksichtigen, welche Wissensbestände relevant sind, wie sehr diese gesichert oder unsicher sind und zu welchen Aspekten es welche Bewertungen und Einschätzungen gibt.

Mitunter werden Kontroversen nur zufällig berührt, etwa wenn sie spontan aus dem Publikum heraus thematisiert werden. Damit ein Meinungsdialog gefördert wird und zustande kommt, haben sich folgende Herangehensweisen bewährt:

- Auf dem Podium sollten nicht nur unterschiedliche, sondern widerstreitende Perspektiven vertreten sein, z. B. medizinische Rundumversorgung vs. Kosten; unterschiedliche Risikoeinschätzungen.
- Indem man Fachleute aus verschiedenen Disziplinen einlädt, ergeben sich unterschiedliche und mitunter kontroverse Einschätzungen.
- In der thematischen Vorbereitung sind die kontroversen Standpunkte zu verdeutlichen.
- Das Publikum ist mit Fragen einzubeziehen (vgl. Unterhausdebatte, Abschn. 6.2).

Ein weiteres Instrument ist die Advocatus-Diaboli-Methode.

Die Advocatus-Diaboli-Methode
Hier kann die Methode „Advocatus Diaboli" helfen, durch das gezielte Aussprechen der Gegenargumente die Perspektive auf ein Thema zu erweitern: Mit der Methode „soll die eigene Position im Hinblick auf mögliche Gegenargumente geschärft werden. Dazu sind die Lernenden aufgefordert, die eigene Position bewusst zu wechseln. Noch nicht erörterte Positionen sollen so herausgearbeitet, inhaltliche Positionen kritisch beleuchtet und überprüft werden" (https://erwachsenenbildung. at/aktuell/nachrichten/7242-advocatus-diaboli-durch-kontroverse-argumentation-ueberzeugen.php). Konkret kann im Vorfeld jemandem aus dem Publikum diese Rolle übertragen werden.

So bieten Dialogveranstaltungen die beste Gelegenheit, Kontroversen gezielt sichtbar zu machen und dafür zu sorgen, dass alle Teilnehmenden auch die jeweils andere Seite verstehen. Kontroversen regen dann wiederum den Dialog an.

Bei kontroversen Dialogveranstaltungen sollte es allerdings nicht um Positionswettkämpfe gehen, bei denen die Opponenten ihre Meinungen und Einschätzungen darstellen, verteidigen und darauf beharren – vielmehr soll die Offenlegung der Pluralität Raum für gegenseitiges Lernen ermöglichen.

Die zahlreichen Möglichkeiten, Dialogveranstaltungen zu konzipieren, sind Chance und Herausforderung zugleich: Kontrovers oder nicht, widerstreitende oder sich ergänzende Perspektiven – in der Vorbereitung sollte man entscheiden und definieren, wie man hier vorgehen und planen möchte.

Literatur

1. Luhmann N (1998) Die Gesellschaft der Gesellschaft, Frankfurt a. M. 1998, zit. n. Renn O (2025) Kommunikation und Glaubwürdigkeit von Wissenschaft und Politik in der Coronakrise. In: Markschies CJ, Haug GH (eds.) Multiple Krisen der Gegenwart. Freiburg: Verlag Herder, S 191–202
2. Liebert WA Weitze MD (Hrsg.) (2006) Kontroversen als Schlüssel zur Wissenschaft? Wissenskulturen in sprachlicher Interaktion. transcript, Bielefeld
3. Trischler H, Weitze MD (2006) Kontroversen zwischen Wissenschaft und Öffentlichkeit: Zum Stand der Diskussion. In: Liebert WA, Weitze MD (Hrsg.) Kontroversen als Schlüssel zur Wissenschaft? Wissenskulturen in sprachlicher Interaktion. transcript, Bielefeld, S 57–80
4. Verhoeff R, Kupper F (2020) Science in Dialogue. In: Frans van Dam et al. (Hrsg.): Science communication: an introduction, World scientific, Singapore, S 65–89
5. Düben a et al. (2025) Methodenkoffer: Umweltpolitik im Dialog – wie erreichen wir die schwer Erreichbaren? (Zwischenbericht) Umweltbundesamt, https://www.umweltbundesamt.de/publikationen/methodenkoffer-umweltpolitik-im-dialog-wie

8

Vorbereitung und Gestaltung einer konkreten Veranstaltung

> Es gibt keine „ideale" Reihenfolge bei der Vorbereitung von Dialogveranstaltungen, und wenn es sie gäbe, würde sie in der Praxis regelmäßig unterlaufen – weil bestimmte Planungselemente unumstößlich feststehen und eine Veranstaltung diese in ihrer Planung integrieren muss: So können einzelne Experten bereits feststehen, die Räumlichkeiten oder Vorgaben zum Format, ohne dass Ziel, Zielgruppe und Thema bereits feststehen. Was noch offen ist, lässt sich aber durchaus um die Fixpunkte herum arrangieren, sodass auch auf diese Weise eine kohärente Veranstaltung entstehen kann.

8.1 Feinplanung und Briefing

Sind die Randbedingungen nach der Planung (Kap. 7) festgelegt, geht es an die Feinplanung. Dabei kommen Informationen zusammen, die in einem Dokument (siehe Kasten „Das Briefingdokument") gesammelt und schließlich allen am Ablauf Beteiligten (Podium, Organisation) zugänglich gemacht werden.

Das Briefingdokument mit „allen" Informationen zur Veranstaltung
Bestandteile des Briefings sind

- Ansprechpersonen und Kontaktdaten (Podiumsgäste, Koordination, Veranstaltungsmanagement),
- ggf. Kooperationspartner mit Ansprechpartner,
- Titel (ggf. zunächst Arbeitstitel), Termin und Ort der Veranstaltung; bei Onlineveranstaltung Art der Übertragungsplattform und Zugangslink,

- Ankündigungstext, Podiumsgäste, Moderation, ggf. Begrüßung (mit akademischen Titeln, Institutionen usw., so wie die Details in den Ankündigungen erscheinen sollen),
- Information zur Anmeldung (z. B. Anmeldelink),
- interne Informationen:
  - Zeitrahmen für die Beteiligten, inkl. Vor- und Nachbesprechung,
  - Dramaturgie, zeitlicher Ablauf der Veranstaltung (Dauer Einzelprogrammpunkte, siehe Beispiel Tab. 8.1),
  - Hintergrundinformationen zur Vorstellung der Podiumsgäste, inkl. Kontaktdaten.

Der Gesamtplan (mit Titel, Thema, Ort und Zeit, den Beteiligten und der Dramaturgie) soll rechtzeitig allen Beteiligten vorliegen, damit alle auf dem gleichen Stand sind und dieses gemeinsame Verständnis zur Veranstaltung mitbringen. Das Briefingdokument ist zugleich die Basis für das einstimmende Vorgespräch vor der Veranstaltung (Abschn. 9.2.2).

Die Feinplanung soll dazu beitragen, dass sich alle Teilnehmenden wohlfühlen. Anhaltspunkt kann hier die Maslow'sche Bedürfnishierarchie sein ([1], S. 31):

- physisch (bequeme Stühle, jeder kann alles sehen und hören, Catering …)
- emotional (fühle ich mich hier/in dieser Gruppe wohl?)
- intellektuell (Verständlichkeit)
- etwas mitgenommen haben (war es interessant? was überdauert die Veranstaltung?)

Tab. 8.1 Dramaturgie und zeitlicher Ablauf der Veranstaltung

Zeit	Programmpunkt
18:30	Begrüßung und Einführung
18:40	Impuls: Was ist Geoengineering?
19:00	Statements und kurze Diskussion • Risikoanalyse und Naturgefahrenmanagement • Politische Perspektiven auf das Konzept „Geoengineering" und warum wir Regulierung brauchen und die Hürden, die wir dazu bewältigen müssen
19:20	Einführung Arbeitsauftrag Anschl. Diskussion an Gruppentischen, mit Nachfragemöglichkeit bei Fachleuten (8 Tische mit je 8 Teilnehmern)
19:50	Sammeln der Fragen/Kommentare/Voten von den Tischen mit kurzer Reaktion der Podiumsgäste
20:15	Schlussrunde
20:25	Schlusswort
20:30	Empfang/Get-together

Ablaufbeispiel einer Dialogveranstaltung

8 Vorbereitung und Gestaltung einer konkreten Veranstaltung

Konkret stehen folgende Planungsschritte an:

- Überlegungen zum Format und zur Dramaturgie, die im Zusammenhang mit Zielen und Zielgruppe der Veranstaltung stehen, werden im weiteren Verlauf der Vorbereitungen konkretisiert.
- Auf der Basis des gewählten Themas und der Ausrichtung der Veranstaltung erfolgen eine Auswahl und die Einladung von Referenten (siehe Kasten „Wer sitzt auf dem Podium?") und Moderation (Kap. 9).
- Hier sollte man sich von Beginn an nicht zu stark auf ein Wunschpodium festlegen, sondern Flexibilität zeigen (weil Termine und andere Randbedingungen zu berücksichtigen sind).
- Welche Begrüßungen sind geplant? Dieser Teil ist keine Pflichtübung, sondern kann die Veranstaltung bereichern, indem die Veranstalter und ggf. weitere Beteiligte (Anstoßgeber, Kooperationspartner, Unterstützer) ihre Motivation für die Veranstaltung transparent machen. Gelegentlich hat man mehr als ein Grußwort einzuplanen; statt mehrere (selbstverständlich kurze) Grußworte zu Beginn abzuarbeiten, kann man einzelne auch als Schlusswort an den Schluss stellen oder in die Dramaturgie (z. B. als „Zwischenruf) einbauen.
- Frühzeitig ist auch der angestrebte Kreis der Teilnehmer zu definieren (gemäß Zielen, Zielgruppe). Dementsprechend ist die Art der Ankündigung und die Einladung zur Veranstaltung zu konzipieren.
- Raumwahl (Abschn. 7.5) und Bestuhlung, benötigte Technik und anzubietendes Catering sind nun festzulegen.

Wer sitzt auf dem Podium?
Für das Podium werden in der Regel Fachleute zum jeweiligen Thema mit passenden Perspektiven gesucht. Dabei sind die einzelnen Beiträge der Beteiligten zusammen zu betrachten: Wo gibt es Doppelungen, wo Ergänzungen, wo Kontroversen?

Neben Fachexpertise und Bereitschaft zur Kommunikation und zum Dialog umfasst der Anforderungskatalog an Experten für das Podium die Bereitschaft, die eigene Rolle und eigene Interessen darzustellen, das Laienpublikum zu respektieren und ernst zu nehmen [2].

Stehen die Beteiligten fest, wird eine Dramaturgie entworfen, die ausreichend Raum für Dialog bietet. Das erfolgt in Abstimmung mit den Beteiligten, wobei die Erfahrung zeigt: Die meisten sind dankbar für Vorschläge und lassen sich darauf ein. Vorgespräche (gerne bilateral, um nicht auch noch mühsame Terminabstimmungen zu haben) sind hier hilfreich, aber gar nicht immer notwendig. Vorgespräche mit den Beteiligten bedeuten zusätzlichen Zeitaufwand für alle Seiten, sind aber sinnvoll, falls man sich noch nicht kennt. Das Thema, Kompetenzen und Meinungen dazu können dabei abgeglichen werden.

Für das Briefing entsteht auf diese Weise eine Rollenverteilung.

8.2 Bestuhlung

Manche Veranstaltungsräume, z. B. die Rotunde in der Evangelischen Akademie in Tutzing (Abb. 8.1), sind perfekt für Dialogveranstaltungen geeignet. Die Teilnehmenden sind einander zugewandt, sitzen möglicherweise in Gruppen zusammen und haben einen guten Blick auf das Podium.

Oftmals arbeitet man aber in Veranstaltungsräumen, die für andere Zwecke, beispielsweise Frontalvorträge, eingerichtet sind. Hier sind im Allgemeinen Anpassungen möglich und nötig (siehe Kasten).

Anpassung der Bestuhlung
Im Zweijahresrhythmus finden die Tagungen der Gesellschaft Deutscher Naturforscher und Ärzte (GDNÄ) statt. Im Zentrum stehen Plenarvorträge renommierter Wissenschaftler in Hörsälen vor mehreren Hundert Zuhörern, anschließend sind Fragen möglich. Seit einigen Jahren werden „Science & Technology Cafés" ausgerichtet, bei denen – in kleineren Sälen – mehr Dialog stattfinden soll.

Die Tagungen finden meist in Universitätsgebäuden statt. Bei der Vorbereitung ist die Suche nach geeigneten Räumen und deren Anpassung an Dialogveranstaltungen ein wichtiger Punkt (Abb. 8.2). Bei frei wählbarer Bestuhlung sollte die

Abb. 8.1 Die Architektur und Ausstattung von Räumen kann zum Dialog beitragen. Hier die Rotunde der Evangelischen Akademie Tutzing (https://www.acatech.de/allgemein/mobilitaet-der-zukunft-gemeinsam-gestalten/)

8 Vorbereitung und Gestaltung einer konkreten Veranstaltung 83

Abb. 8.2 Seminarraum mit dialogorientierter Bestuhlung …

Abb. 8.3 … und mit Teilnehmern (https://www.acatech.de/allgemein/acatech-auf-der-133-versammlung-der-gdnae/)

Sitzordnung so gewählt werden, dass alle möglichst nah am Podium sind (in einem rechteckigen Raum nach Möglichkeit das Podium in der Mitte einer langen Seite platzieren), sodass sich nach Möglichkeit alle Teilnehmer sehen können (Halbrund, Fischgrätmuster) und durch Sitzgruppen alle Stühle gut zugänglich sind (auch, um Gäste bei Wortbeiträgen mit dem Mikrofon gut zu erreichen), Abb. 8.3. Stehtische für die Podiumsteilnehmer sind hier flexibel einsatzbar und ermöglichen allen einen guten Überblick.

Soweit möglich wird im hinteren Bereich (bei den Eingängen) Raum gelassen für Stehplätze – um einen Puffer bei Besetzung aller Stühle zu schaffen und um ein Hineinschnuppern zu ermöglichen. Hier wäre auch eine Getränkestation zu positionieren, um dem Namen „Café" gerecht zu werden.

Hinderlich für Dialogveranstaltungen ist es, wenn das Podium auf einer hohen Bühne platziert wird. Das sollte vermieden werden, stattdessen sollte man auf eine andere Stelle im Saal ausweichen und die Aktiven dort platzieren (Abb. 8.4).

Auch auf dem Podium sollte der Dialog nicht erschwert werden. Mitunter werden schwere Sessel auf einer Bühne platziert (z. B. im Amerikahaus in München). Wer dort sitzt und die anderen Podiumsgäste und das Publikum im Saal sehen und ansprechen möchte, muss den Kopf stark verdrehen. Flexibilität und Überblick sind auch hier zentral, zumal für die Moderation:

Abb. 8.4 Ein Saal mit einer großen Bühne, der eher für Frontalveranstaltungen geeignet ist. Diese wurde nicht genutzt, stattdessen eine kleinere, nicht so stark erhöhte Bühne aufgebaut mit entsprechend ausgerichteten Sitzreihen (https://www.acatech.de/allgemein/acatech-auf-der-festversammlung-der-gdnae/). Im linken Bereich Stehplätze und Getränkestation

8 Vorbereitung und Gestaltung einer konkreten Veranstaltung

Es hat sich bewährt, dass sich der Moderator an den Rand des Podiums setzt, um dieses gut im Blick zu haben.

Ein Format, das eine Sitzordnung „auf Augenhöhe" mit einem flexiblen Podium kombiniert, ist die Fishbowldiskussion (Abb. 8.5): „Bei einer Fishbowl-Diskussion sitzen die eingeladenen Expert*innen und die Moderation in einem Kreis in der Mitte (plus zwei freie Stühle). Es sprechen nur die Personen, die im inneren Kreis sitzen, in Form einer moderierten Diskussion. Personen im Publikum hören zu, können sich aber jederzeit auf einen der zwei freien Stühle im Innenkreis setzen und mitdiskutieren. Die neu hinzugekommene Person hat direktes Rederecht, muss aber den Kreis verlassen, wenn eine andere Person aus dem Publikum etwas sagen möchte. In der Praxis entwickelt sich ein Kommen und Gehen, ohne dass dadurch die Debatte abbricht" (https://wissenschaft-im-dialog.de/projekte/ehemalige-projekte/formate-labor/). Hier kann sich ein Dialog entwickeln, bei dem alle einen guten Überblick haben.

Abb. 8.5 Beispiel für eine Fishbowldiskussion (https://www.acatech.de/allgemein/wissenschaftsakademien-sprechen-sich-fuer-qualitaetskriterien-in-der-wissenschaftskommunikation-aus/)

8.3 Ankündigung und Kommunikation

Typischerweise drei Wochen vor der Veranstaltung erfolgt die Ankündigung an potenzielle Teilnehmerinnen und Teilnehmer mit Informationen zu Ort, Zeit, Thema und Format.

Der Titel und die Kurzbeschreibung entscheiden darüber, wer sich angesprochen fühlt, anmeldet und kommt. Daher lohnt sich (auch und gerade für Veranstaltungen, die man selbst für „besonders spannend" hält), die Ankündigung angemessen zu formulieren und einen prägnanten Titel zu finden. Das Podium spielt für die Resonanz der Veranstaltungsankündigung auch eine Rolle, aber für viele steht das Thema im Vordergrund, das im Titel seinen Ausdruck findet.

Der Titel der Veranstaltung
Wir arbeiten bei „acatech am Dienstag" gerne mit zwei Titelebenen – der Obertitel durchaus plakativ, „catchy", der Untertitel sachlich-beschreibend. Beispiel: „Vom Schauen zum Machen – Stilllebenmalerei und Synthetische Biologie" oder „Mehr Schwung für Kreislaufwirtschaft – die Rolle digitaler Technologien".

Für fachlichere Veranstaltungen ist auch eine neutrale Beschreibung mit einem generischen Untertitel in Ordnung: „Transmutation radioaktiver Abfälle – Stand, Kontroversen, Perspektiven". Um ein breiteres Publikum anzusprechen, wäre das aber zu wenig, müsste präziser gefasst werden (z. B.: „Endlagersuche – eine Lösung aus dem Labor").

Plant man eine offene Einladung oder eine gezielte Ansprache? Beide Formen der Einladung haben Vor- und Nachteile (Tab. 8.2).

Tab. 8.2 Vor- und Nachteile von Einladungsformen

	Vorteile	Nachteile
Offene Einladung	Alle können sich einbringen Teilnehmer sind motiviert Niemand kann behaupten, er hätte nicht die Möglichkeit gehabt, dabei zu sein	Es kommen eher gut informierte, redegewandte Teilnehmer als zurückhaltende und (in ihrer Meinung) unsichere Teilnehmer Eine Polarisierung ist möglich, weil (auch und gerade) Personen mit Extrempositionen motiviert teilnehmen
Gezielte Ansprache	Es können bestimmte Positionen (ausgewogen) eingeladen werden, auch „schwer erreichbare" Teilnehmer	Ein Großteil der Bevölkerung wird ausgeschlossen

Vgl. [3], S. 336

Bei „acatech am Dienstag" nutzen wir einen allgemeinen Verteiler und – abhängig vom jeweiligen Thema und Ort – Verteiler mit weiteren Adressaten (z. B. Fachverteiler, Umfeld der Kooperationspartner).

Beiträge in klasssischen Medien, Social Media, Anzeigen, Plakate gehören zu den weiteren Kanälen der Ankündigung. Es gibt hier auch hier kein Patentrezept, sondern viele Möglichkeiten. Die Erfahrung zeigt immer wieder: Man kann nie zu viele Ankündigungen machen.

Man könnte die Ankündigungen oder den Anmeldeprozess bereits für die Initiierung einer Vorabdiskussion nutzen (vgl. Abschn. 6.4). Auch im Nachgang können Informationen (z. B. Hinweis auf Aufzeichnung, Veranstaltungsbericht, Evaluation) mit weiteren Diskussionsangeboten und Hinweisen auf Folgeveranstaltungen ergänzt werden.

Im folgenden Kapitel wird beschrieben, welche Schlüsselrolle bei den Veranstaltungen die Moderation einnimmt.

Literatur

1. Science Museum Visitor Research Group May (2004) Evaluation of 18 months of Contemporary science dialogue events, https://visitors.org.uk/wp-content/uploads/2004/01/Dana-Centre-front-end-evaluation-report.pdf
2. Bromme R, Jucks R (2014) Fragen Sie Ihren Arzt oder Apotheker: Die Psychologie der Experten-Laien-Kommunikation. In Blanz A et al. (Hrsg.) Kommunikation. Eine interdisziplinäre Einführung. Stuttgart: Kohlhammer, S 237–246
3. Benighaus C, Wachinger G, Renn O (Hrsg) (2016) Bürgerbeteiligung: Konzepte und Lösungswege für die Praxis. Wolfgang Metzner Verlag, Frankfurt a. M.

9

Moderieren

> Im Folgenden wird ein Überblick zum Handwerk des Moderierens gegeben, mit Fokus auf Dialogveranstaltungen zu Wissenschafts- und Technikthemen. Es geht hier also weniger um die Moderation von Gremiensitzungen oder Stakeholderdialogen, auch nicht um die Moderation von Radiosendungen – aber wie wir sehen werden, gibt es viele Überlappungen und Möglichkeiten, hier voneinander zu lernen.

Zum Moderieren gibt es viele Handreichungen und Leitfäden, z. B. [1, 2], https://www.moderatorenwerk.de/blog, http://www.rhetorik.ch/Moderieren/Moderieren.html. Die relevanten Kompetenzen und Aspekte sind sehr vielfältig und umfassen u. a. die Veranstaltungsplanung, Stimmbildung, die Gestaltung der Moderationskarten, …

Die Aufgabe der Moderation ist, „einen Raum herzustellen, in dem sich alle Teilnehmenden unabhängig von ihrem persönlichen Interaktionsstil sicher und frei fühlen, ihre eigene Meinung sowie ihre Erfahrungen, Wünsche, Bedürfnisse und Ideen zu äußern. So können sich auch solche Personen eine Meinung bilden, die sich zurückhaltender und weniger aktiv ins Gespräch einbringen und sich eher durch Zuhören und Kommentieren auszeichnen. Durch einen sensiblen Umgang mit den Unterschieden im Interaktionsstil – die nicht hinderlich für eine ausgewogene Meinungsbildung sein müssen – bleibt der Diskursraum für Teilnehmende mit ganz unterschiedlichen Persönlichkeiten offen" ([3], S. 77).

9.1 Rolle der Moderation: Gastgeber und Vermittler

Die Gesamtverantwortung für die Veranstaltung hat, inhaltlich und organisatorisch, die jeweils moderierende Person. Sie ist Gastgeber (Host), setzt den Ton, ist einerseits freundlich und sorgt für gute Stimmung, andererseits bestimmt, erklärt die Regeln und setzt diese durch.

Moderator zu sein, ist wie der Gastgeber auf einer Party: Alle begrüßen, miteinander in Kontakt bringen, sensibel sein für alle Signale – das ist herausfordern und manchmal anstrengend.

Wer moderiert, sollte überparteilich sein in dem Sinne, dass nicht inhaltlich kommentiert wird und man sich nicht auf eine Seite schlägt, Publikumsfragen und -äußerungen nicht inhaltlich bewertet oder einordnet: Würde man eine Frage als „gut" etikettieren, könnte die nächste Frage abgewertet werden – und genau das ist nicht Aufgabe der Moderation, das würde Hürden aufbauen. Zu vermeiden sind neben jeder Parteilichkeit in diesem Sinne auch Suggestivfragen und Stichwortgeben: Man fragt stattdessen offen, um eine Antwort im Sinne neuer Information oder Einschätzung für die Teilnehmenden zu erhalten.

Wer moderiert, ist immer der Anwalt des Publikums und Dienstleister. Es gehört sich nicht, „gegen das Publikum" zu moderieren, etwa mit pauschalen Bemerkungen, die oberlehrerhaft klingen („Seien Sie bitte ruhig da hinten", „Fragen dürfen Sie stellen, aber erst nachher") – falls die Hinweise berechtigt sind, sollten sie anders formuliert werden (siehe 9.4.1 und 9.3.3).

Der Begriff „Moderation" bedeutet: Mäßigung. Zur Gesprächsführung gehört es bei Bedarf auch, zu dynamisieren, zu steuern und zu lenken. Eine neutrale Vermittlung ist das Ziel. Es ist immer die Balance zu finden zwischen Gesprächsführung und einer Flexibilität, die Freiräume lässt hinsichtlich Themen und Ablauf.

Die Moderation bestimmt in diesem Sinn den Verlauf der Veranstaltung: „Seien Sie Zahnrad im Getriebe und nicht nur das Schmieröl", so wird empfohlen ([4], S. 14). Wer moderiert, muss kein Experte zum Thema sein. Expertise liefern die Podiumsgäste mehr als genug. Der Blick „von außen" ist mitunter sogar vorteilhaft, um sich nicht in (für das Publikum meist uninteressanten) Detaildiskussionen zu verlieren. Freilich sollte die moderierende Person die wesentlichen Themen und (Streit-)Punkte kennen, in der Veranstaltung den aktuellen Diskussionspunkt benennen, Verständnisfragen (als Anwalt des Publikums) und möglicherweise auch provokative Fragen stellen (im Sinne des Advocatus Diaboli, Abschn. 7.7), um verschiedene Perspektiven zu verdeutlichen. Einzelne Störerinnen und Störer werden natürlich (siehe Spielregeln, s. 9.3.2) identifiziert, angesprochen und im äußersten Fall des Raumes verwiesen (es gilt das Hausrecht, wobei die Erwähnung bzw. Androhung so gut wie immer wieder für Ruhe sorgt).

9.2 Vorbereitung der Moderation

9.2.1 Wer moderiert?

Die Rolle der Moderation ist ebenso wichtig wie sensibel, es braucht dafür geschultes Personal. Ich möchte aber hier bewusst für ein „Do it yourself" plädieren: Veranstalter haben meist geeignete Personen in ihren Reihen, die Moderationsexpertise besitzen oder erlangen können. Mit der Doppelrolle Veranstalter und Moderation ergibt sich ein enger Zusammenhang von Vorbereitung und Moderation; das tut der Sache gut, man muss nicht zusätzlich externe Moderatoren briefen.

Aber es mag auch Gründe geben, externe Moderationsprofis einzubinden, Abstimmungsaufwand und Honorarkosten in Kauf zu nehmen. Das müssen übrigens keineswegs immer Journalisten sein. Diese mögen zwar sprachlich versiert sein und gelten als überparteilich. Aber sie brauchen genau dasselbe Training, müssen die gleichen Erfahrungen bei der Moderation von Dialogveranstaltungen sammeln wie jeder andere.

9.2.2 Vorbereitung und Vorbesprechung

Inhalte und Ablauf der Veranstaltung werden langfristig vorausgeplant (siehe Kap. 7). Im Rahmen der Recherche und der Vorgespräche entsteht eine Rollenverteilung für die Podiumsgäste (welche Perspektive und Position wird von wem vertreten?). Fragen an einzelne Podiumsgäste können formuliert werden. Ausgehend vom Thema werden Unterthemen bzw. übergreifende Fragestellungen identifiziert (z. B. Abschn. 5.3.2), die angesprochen werden sollen – sowohl detaillierte Informationen als auch kontroverse Positionen zum jeweiligen Thema.

Eine Vorbesprechung auf Grundlage des Briefings (Abschn. 8.1) 30 min vor Veranstaltungsbeginn ist oft ausreichend: Die moderierende Person stellt die Podiumsteilnehmer einander vor, geht nochmals mit allen den Ablauf, Ziele und Besonderheiten der Veranstaltung durch.

Bei Podiumsgästen, die man noch nicht kennt, sind Vorbesprechungen ein paar Tage vorher bilateral sinnvoll, um Thema, Format und Rolle abzustimmen.

9.2.3 Wer sitzt wo?

Die Sitzordnung der Podiumsgäste ist sorgfältig zu planen. Alle Redner an einem langen Tisch nebeneinander, wie man es von Pressekonferenzen kennt – das ist manchmal vorgegeben und lässt sich nicht immer vermeiden, z. B. Abb. 9.1: Hier können sich die Beteiligten nicht gegenseitig sehen und ein Dialog untereinander ist schwierig. Eine Gesprächsrunde ist besser: Jeder sieht jeden auf dem Podium und – ggf. mit Kopfdrehen – auch das Publikum (Abb. 9.2).

In glücklichen Fällen ist die Raumarchitektur bereits prädestiniert dazu, Dialoge zu fördern (vgl. Abb. 8.1 in Abschn. 8.2).

Wer wo und neben wem sitzt, sollte man auch nicht dem Zufall überlassen: Als Moderator muss man selbstverständlich den Überblick haben. Dazu kann es sinnvoll sein, am Rand der Runde zu sitzen (siehe Abb. 9.2). Gesprächspartner, die „schwierig" sind (z. B. Vielredner) oder solche, die der Moderator noch nicht gut kennt, setzt man eher in die Nähe der Modera-

Abb. 9.1 Nicht alle Podien sind dialogfördernd (https://www.acatech.de/allgemein/wissenschaftskommunikation-so-gelingt-der-dialog-von-chemie-und-gesellschaft/)

Abb. 9.2 Ein Podium als Gesprächsrunde, bei der sich die Beteiligten gegenseitig gut sehen (https://www.acatech.de/allgemein/megalopolis-und-technikwissenschaften/)

tion. Eine mögliche Schlussrunde kann bequemerweise entlang der Sitzordnung stattfinden – auch diese Planung kann Einfluss auf die Platzierung haben.

9.2.4 Notizen, Moderationskarten

Das ausgedruckte Briefing (Abschn. 8.1), ggf. ergänzt um handschriftliche Notizen, ist sowohl bei der Vorbereitung als auch während der Veranstaltung sehr hilfreich. Moderationskarten (im A5-Format, die sich gut halten lassen und deren Rückseite z. B. mit dem passenden Logo bedruckt ist) sehen noch besser aus, bedeuten aber auch höheren Vorbereitungsaufwand.

In jedem Fall sind Notizen für die Moderation essenziell, aber diese sind für andere tabu. Man sollte sich buchstäblich nicht in die Karten schauen lassen.

9.3 Während der Veranstaltung

9.3.1 Anmoderation

Die Veranstaltung sollte pünktlich zur angekündigten Zeit beginnen.

Nach einer Begrüßung stellt sich die Moderation kurz vor, führt in die Veranstaltung ein und benennt dabei

- das Thema und falls zutreffend Anlass, Aktualität und Kontext,
- die Ziele der Veranstaltung,
- die Beteiligten,
- den Ablauf (siehe Dramaturgie) und die Regeln (Redezeiten, Möglichkeiten der Beteiligung).

Alle Teilnehmer verstehen so den Anlass, die Ziele, die Spielregeln und die Inhalte.

Mit den ersten Minuten wird der Ton der Veranstaltung gesetzt.

Der Beginn einer Veranstaltung
Adam Smith macht zum Einstieg (https://www.mediatheque.lindau-nobel.org/videos/31578/why-communicate-host-adam-smith-participating-panelists-gilbert-kobilka-kroto-yonath-lugger-engelke-2013/laureate-kroto, bis 4:30) mit Körpersprache und Gestik unmissverständlich klar, dass nun die Podiumsdiskussion startet, zieht innerhalb weniger Sekunden die Aufmerksamkeit des Saales auf sich, die Unruhe nach der Pause verschwindet. Er stellt in wenigen Sätzen das Thema vor, wirft Fragen dazu auf, definiert den Ablauf der Dialogrunde und stellt schließlich das Panel vor. Kleine Ablenkungen ignoriert er oder nimmt diese kurz humorvoll auf, um dann wieder zum geplanten Ablauf zurückzukehren.

Alle Beteiligten auf dem Podium werden knapp mit ihrer Rolle und Position (aktuelle Tätigkeit, Hintergrund, Motivation, Expertise) vorgestellt. Das geschieht entweder gesammelt am Anfang oder jeweils bei ihrem Auftreten.

Es geht nicht darum, erschöpfend die Lebensläufe, sämtliche Ehrungen etc. aufzählen – das lässt sich davor oder im Anschluss bei Interesse googeln. Relevant ist vielmehr, die Kompetenz und Vertrauenswürdigkeit der Experten zu zeigen, möglicherweise Besonderheiten und Highlights herauszuheben, soweit diese einen Bezug zum Thema haben. Ausgangspunkt für die Vorstellung kann auch ein Zitat der Protagonisten sein, im Sinne einer Art Positionsbestimmung (vgl. die Aufzeichnung der in Abschn. 5.4.1 vorgestellten Veranstaltung „Wie sieht die Zukunft der Ernährung aus?", insbes. Beginn bis 06:00).

9.3.2 Ablauf steuern

Während der Veranstaltung achtet der Moderator auf die (zeitliche) Ausgewogenheit der Beiträge (wie sie in der Dramaturgie geplant sind). Abweichungen sind in Ausnahmefällen möglich, etwa bei verspätetem Eintreffen von Podiumsgästen.

Die „Spielregeln" sind jeweils transparent zu machen.

Eine große Sorge von Moderierenden ist häufig, dass Rednerinnen und Redner ihre Beiträge überziehen könnten und die Veranstaltung dadurch zeitlich aus dem Ruder läuft. Dabei sollte dies kein Problem sein, weil in der Vorbereitung die Dramaturgie (und damit die Redezeiten) verbindlich festgelegt wurde. Wer sich daran nicht hält (sei es aus Unhöflichkeit oder wegen mangelnder Vorbereitung), wird natürlich darauf aufmerksam gemacht – bei einem 10-minütigen Beitrag spätestens nach 12 min. Das gebietet die Fairness gegenüber den anderen Beteiligten. Bitte keine falsche Zurückhaltung oder unnötige Rechtfertigung, falls man hier eingreifen muss.

9.3.3 Dialog fördern

Während der gesamten Zeit wird eine Beteiligung des gesamten Publikums ermöglicht. Auch wenn die Dramaturgie Kommentare und Fragen aus dem Publikum erst nach einem Block mit Impulsvorträgen und einer Podiumsdiskussion vorsieht, sind nonverbale Rückmeldungen oder auch Wortmeldungen aufzugreifen. Es kann ja eine dringende Verständnisfrage geben, oder die akustische Verständlichkeit bereitet Probleme.

Oft schließt sich an den Informationsteil mit (Kurz-)Vorträgen ein Teil mit Fragen und Kommentaren an: Auch hier können Nachfragen zu Fachbegriffen und Sachverhalten gestellt und nochmals erläutert werden (vgl. die Aufzeichnung der in Abschn. 5.4.1 vorgestellten Veranstaltung „Wie sieht die Zukunft der Ernährung aus?", Diskussion ab 01:10:00).

Zu vermeiden sind Co-Referate aus dem Publikum oder zu viele Fragen auf einmal, denn die Zeit ist immer begrenzt. Fragen und Kommentare sollten einfach und klar sein, zum Nachdenken anregen, idealerweise eine neue Perspektive aufzeigen oder einen Aspekt vertiefen. Als Moderator kann man zu solchen Beiträgen ermuntern, etwa indem man genau solche Fragen ausführlicher diskutieren lässt.

Ebenso wichtig sind verschiedene Fragestellungen zum Thema, um nicht inhaltlich auf der Stelle zu treten. Anzeichen für einen guten Dialog sind auch, wenn sich Teilnehmer in ihren Beiträgen aufeinander beziehen. So lässt sich Dynamik steuern.

9.3.4 Mikrofone

Technisch ist in den meisten Fällen (meist schon ab ca. 20 Teilnehmenden, abhängig von der Raumakustik) eine akustische Verstärkung mit Mikrofon(en) zur Steigerung der Verständlichkeit notwendig. Das nimmt etwas von der Spontaneität, hat aber auch Vorteile: Es wird klar, wer gerade sprechen kann und darf.

Angebracht ist ein Test der Mikrofone mit Sprechprobe für alle Aktiven. Wie ärgerlich, wenn Mikrofone vorhanden sind, aber nicht richtig genutzt werden. Eine Nachfrage im Publikum zur akustischen Verständlichkeit ist mitunter hilfreich.

Wenn auf dem Podium Mikrofone verwendet werden, dann auch im Publikum. Mit „Saalmikrofonen" können Teilnehmer, die sich melden, erreicht werden. Damit die Mikrofonträger nicht hin und her laufen müssen, hat es sich bewährt, Wortmeldungen im Saal von einer Seite zur anderen Seite aufzurufen. Dabei muss man mitunter in Kauf nehmen, dass der inhaltliche Faden gestört wird, weil mit jeder Wortmeldung neue Aspekte aufgeworfen werden.

Wenn Moderatoren mit dem Mikrofon ins Publikum gehen, wird die Trennung von Podium und Publikum zumindest teilweise aufgebrochen. Als Moderator hat man eine unmittelbare Verbindung zu den Fragestellern. Zwei besondere Vorteile seien genannt: Zur Aktivierung eines eher passiven Publikums, kann man einzelne Teilnehmende behutsam direkt ansprechen und um Kommentare bitten. Und Vielredner kann man besser bändigen, wenn man direkt neben ihnen steht (und das Mikrofon – das man im Idealfall nie aus der Hand gibt – zu gegebener Zeit wieder abzieht).

Bei Veranstaltungen mit mehr als 100 Teilnehmenden kann es angebracht sein, im Saal ein oder zwei Mikrofone für Fragen aus dem Publikum aufzustellen. Das wirkt recht formell und wird sicherlich keinen spontanen Dialog ermöglichen, kann aber mehrere Stimmen aus dem Publikum in einer transparenten Weise einbeziehen. Onlinefragetools, die per Smartphone auch im Saal zu nutzen sind, können auch diejenigen aktivieren, die „Auftritte" am Mikrofon scheuen. Diese Art der Rückmeldung lässt sich bei Hybridveranstaltungen auch mit Rückmeldungen von Onlineteilnehmern verbinden (Abschn. 7.6).

Wer sich wiederum mehr Spontaneität wünscht, kann versuchen, diese mittels eines Wurfmikrofons herzustellen: Die Teilnehmer werfen sich einen Würfel mit einem drahtlosen Mikrofon gegenseitig zu, sodass verschiedene Redebeiträge eingesammelt werden – mit Spaßfaktor. Im besten Fall erreicht das Mikrofon auch Teilnehmende, die sich gar nicht gemeldet haben und dann doch spontan etwas beitragen.

Die Idee lässt sich auch weiterspinnen, wenn gar kein Mikrofon gebraucht wird: Ein kleinerer Ball wird im Publikum herumgeworfen, und wer „am Ball ist", spricht.

9.3.5 Schluss

So wichtig wie ein pünktlicher Beginn ist ein pünktliches Ende der Veranstaltung.

Der Moderator steuert in den letzten Minuten durch Bemerkungen wie „noch zwei Fragen" etc. klar auf den Schluss zu. Eine Schlussrunde auf dem Podium kann die Veranstaltung abrunden. Diese sollte kurz und prägnant sein und weniger Wiederholung („Ich kann nur noch mal betonen, was ist den ganzen Abend gesagt habe …") als Ausblick, den man durch eine lenkende Schlussfrage anstoßen kann (z. B. „Was wünschen Sie sich im Bereich xy für die nächsten zehn Jahre?"). Diese Schlussfrage kann zu Beginn abgesprochen werden, damit sich niemand überfahren fühlt. Allerdings besteht dann die Gefahr, dass die Antwort „vorgefertigt" erscheint und bereits im Verlauf der Veranstaltung verraten wird.

Ist bereits vor dem geplanten Ende der Veranstaltung ein Stillstand abzusehen? Ergeben sich in der Diskussion keine neuen Aspekte mehr? Dann ist ein früheres Ende möglich. Das ist kein Zeichen einer misslungenen Veranstaltung.

Die Veranstaltung endet mit Dank an den Gastgeber und alle Beteiligten (einschließlich des Publikums), soweit angebracht mit Hinweisen auf Folgeveranstaltungen und kommende Aktivitäten zum Thema.

9.4 Störungen und schwierige Situationen

9.4.1 Störungen

Ob Blackout, Überforderung, technische Panne oder Störende im Publikum – man kann nicht auf alles vorbereitet sein, kann aber Vorkehrungen treffen. In einem Stufenmodell wird der Umgang mit Störungen beschrieben ([1], S. 208 f.):

- Ignorieren, wenn Störungen kaum merklich sind (z. B. „In der ersten Reihe sitzt ein Mann und tippt auf seinem Tablet herum").
- Tolerieren, z. B. wenn Gäste kommen und gehen, weil es eine größere Veranstaltung mit mehreren Angeboten ist.
- Integrieren: Störungen, die für alle offensichtlich sind, werden angesprochen, können nicht immer beseitigt werden (z. B. ist die Klimaanlage laut oder zu kalt oder zu warm).

- Isolieren: Störung bzw. störende Person werden sichtbar gemacht und angesprochen. Nötigenfalls wird (in Abstimmung mit dem Veranstalter) vom Hausrecht Gebrauch gemacht und die Polizei gerufen.

Grundsätzlich müssen Moderatoren und Moderatorinnen die Situation erkennen, Verantwortung übernehmen und damit im Sinne der Beteiligten umgehen. Sie sollen:

- keine Beschuldigung aussprechen, sondern das Problem beschreiben und Veränderung vorschlagen bzw. Lösungsmöglichkeiten formulieren (auf Grundlage der eingangs formulierten Spielregeln),
- direkt und ruhig die Betreffenden ansprechen,
- deutlich machen, dass alle von der Veränderung profitieren,
- falls alles nicht hilft: wiederholen, verdeutlichen und das Einhalten der Regeln einfordern.

9.4.2 Schwierige Dialogsituationen

Dialogveranstaltungen können spezifische Herausforderungen mit sich bringen: Bei zu wenigen Fragen oder Wortmeldungen sollte man dynamisieren, das Podium aktivieren und das Publikum gezielt einbeziehen (siehe 9.3.3, 9.3.4).

Umgekehrt gibt es auch das Problem von zu vielen Fragen und Wortmeldungen. Diese kann man sammeln. Falls nicht alle Gäste zu Wort kommen, ist ein Verweis auf ein anschließendes Get-together oder bilaterale Kontakte zu Referenten sinnvoll.

Falls „Fragesteller" Co-Referate halten und zu ausführlich kommentieren, kann der Moderator die „Frage" in eigenen Worten wiederholen, damit sie allen klar ist.

Gelegentlich kommt das Problem zu großer Übereinstimmung auf. Alle auf dem Podium und im Publikum sind der gleichen Meinung (z. B. Abschn. 5.2.1). Das ist grundsätzlich nichts Schlechtes, aber für eine Dialogveranstaltung ergibt sich dadurch wenig Austausch und es gibt keine neuen Erkenntnisse. Als Moderator kann man hier versuchen, andere Positionen einzubringen oder Unterschiede herauszuarbeiten.

Nicht für alle Situationen gibt es eine Lösung: In einer von mir moderierten Veranstaltung dominierte z. B. ein einzelner Podiumsgast die Diskussion: Er blieb während der Diskussionsrunde nicht auf seinem Stuhl auf der

Bühne sitzen, sondern stand bei seinen Antworten auf. Da er selbst recht groß war, musste ich als Moderator (wie die anderen Teilnehmer) dann buchstäblich zu ihm heraufschauen. Eine Ermahnung, doch bitte sitzen zu bleiben, erschien mir in der Situation nicht angemessen. Wäre ich als Moderator ebenfalls aufgestanden, wäre das Gefälle zwischen Podium und Publikum noch größer geworden. Bei einer anderen Veranstaltung hatte ich gerade abmoderiert, als ein Referent plötzlich das Heft an sich riss und in einer Art übergeordnetem Schlusswort mich als Moderator überging und sich ans Publikum wandte, das gerade am Aufstehen und Gehen war. Auch hier wäre eine Intervention nicht angemessen gewesen und hätte ein peinliches Kompetenzgerangel auf der Bühne bedeutet. Solche Situationen kann man nur laufen lassen und versuchen, den Schaden zu begrenzen.

Im Sinne eines guten Miteinanders sollte man vermeiden, zu autoritär aufzutreten. Dadurch kippt die Stimmung eher weiter in eine unerwünschte Richtung (siehe Kasten „Eskalation einer Diskussion"). Auch und gerade, wenn Störungen erwartet werden (etwa wegen eines besonders kontroversen Themas oder umstrittener Referenten), ist eine sorgfältige Vorbereitung angebracht: Durch eine passende Gestaltung (Integration unterschiedlicher Perspektiven) und Sitzordnung (weniger konfrontativ) kann eine Kontroverse zu einem Austausch werden. Falls trotz adäquater Vorbereitung überraschenderweise eine schwierige Situation entsteht, ist Autorität nicht die beste Antwort, sondern ein stufenweiser Umgang damit, wie in Abschn. 9.4.1 beschrieben.

Eskalation einer Diskussion
Schon bei seiner Einführung zur Veranstaltung „Wissenschaft im Sauriersaal: Pandemische Gefahren vor und nach COVID-19" wirkt der Moderator (bis 00:03:00) nervös, defensiv und autoritär. An das Publikum gerichtet erläutert er, es sei möglich, „Fragen zu stellen – Co-Referate sind heute nicht willkommen. Und ich kann dann auch meine andere Seite zeigen, wenn das passiert [!]." Auf diese Weise wird eine Atmosphäre, die offensichtlich bereits schwierig ist, weiter verschärft (Einleitung und Vortrag https://www.youtube.com/watch?v=TWpBSHMsTio).

Die anschließende Diskussion (nicht in diesem Video dokumentiert) eskaliert dann tatsächlich: Fragen aus dem Publikum sind offensichtlich vorbereitet, entwickeln sich von scheinbar sachlichem Beitrag zu einer Beschimpfung des Referenten. Das Saalmikrofon wurde hier aus der Hand gegeben, in der Situation versucht die Mikrofonträgerin, dem Gast das Gerät wieder wegzunehmen – wodurch die Situation weiter eskaliert. Der Moderator erscheint hilflos, fordert „Kommen Sie nun zur Frage", als die Situation schon nicht mehr gerettet werden kann.

Grundsätzlich läuft es immer wieder auf die Einhaltung von Regeln hinaus, die für die Veranstaltungen (explizit oder implizit) transparent zu machen sind, wie im Fußball: „[W]enn die Spieler merken, dass der Schiri alles durchgehen lässt, wird der Umgang miteinander eine Stufe ruppiger" ([4], S. 18).

Literatur

1. Krieger N (2017) Die Gastgeber-Methode. Konferenzen, Tagungen, Veranstaltungen, Diskussionen kompetent und erfolgreich moderieren, 2. Aufl., Beltz, Weinheim
2. Seifert JW (2022) Visualisieren, Präsentieren, Moderieren. 43. Aufl., Gabal, Offenbach
3. Renn O, Wörner J (Hrsg.) (2024) Unterstützung von Meinungsbildung im digitalen Wandel. Wirkungsanalyse exemplarischer Kommunikations- und Dialogangebote (Technologischen Wandel gestalten), München: acatech
4. Reckzügel M (2017) Moderation, Präsentation und freie Rede. Springer Vieweg

10
Beobachten, bewerten, weiterentwickeln

> Alle halten Evaluation für wichtig, aber nur wenige nehmen sie ernst. Obwohl seit Jahrzehnten national und international thematisiert, fehlt bie heute eine Evaluationskultur in der Wissenschaftskommunikation. Dabei kann eine systematische Überprüfung von Maßnahmen zur Wissenschaftskommunikation der Weiterentwicklung der Formate dienen.

10.1 Evaluation in der Wissenschaftskommunikation

Mit der Evaluation verhält es sich in der Wissenschaftskommunikation ähnlich wie mit dem Dialog: Alle halten Evaluation für wichtig, aber nur wenige nehmen sie ernst. Obwohl seit Jahrzehnten national und international thematisiert (z. B. [1], S. 18 f.), „gibt es noch keine weitverbreitete, selbstverständliche Evaluationskultur in der deutschen Wissenschaftskommunikationslandschaft" ([2], S. 2).

Dabei kann eine systematische Überprüfung von Maßnahmen zur Wissenschaftskommunikation und deren Wirkung (vgl. [2], S. 6 und https://www.wissenschaftskommunikation.de/evaluation-von-den-zielen-her-denken-46995/):

- der Qualitätssicherung und -verbesserung dienen (Erfüllung eines zuvor definierten Kriterienkatalogs, Passgenauigkeit des Angebots für Zielgruppen),
- Entscheidungen über Fortführung oder Veränderung der Formate unterstützen,
- der Weiterentwicklung der Formate dienen und
- Rechenschaft gegenüber Geldgebern liefern.

Im Folgenden werden einige Ansätze der Evaluation vorgestellt.

10.2 Beobachtungen, Fragebögen, Berichte

Auf Grundlage der Ziele und Zielgruppen (siehe Kap. 7) lassen sich bereits durch Beobachtung während der Veranstaltung Informationen sammeln:

- Wie viele Gäste sind gekommen? Wer ist gekommen, z. B. soziodemografisch aufgeschlüsselt?
- Welche Inhalte werden thematisiert? Wer hat was gesagt?
- Gelingen Austausch und Dialog? Wer beteiligt sich? Wie waren die Reaktionen? Wer beteiligt sich nicht?
- Was lässt sich aus nonverbalen Signalen ablesen? Wirken die Teilnehmer gelangweilt, angeregt, fröhlich?

Die Beobachtung von Teilnehmerinnen und Teilnehmern kann auch bedeuten, als Veranstalter zeitweise die Teilnehmerperspektive einzunehmen: also sich z. B auf Plätze in den hinteren Reihen zu setzen, das Geschehen zu beobachten und so Dinge zu bemerken, die einem vorne entgehen: Sieht und hört man gut? Passt die Raumtemperatur? Gibt es möglicherweise Ablenkung durch Zuspätkommende? Ist die Tür besser geöffnet (um einen „offenen Raum" zu betonen) oder geschlossen (um beispielsweise akustische Störungen aus der Umgebung abzuschirmen)? Aus dieser Publikumsperspektive (auch durch die Nähe zu den Gästen) ergeben sich möglicherweise Hinweise auf Probleme der Verständlichkeit, Themenrelevanz, Dramaturgie.

Fragebögen (auf Papier im Raum oder im Nachgang online) können zur Erhebung detaillierterer Informationen beitragen und in Form von offenen Fragen Wünsche nach weiteren Themen oder Perspektiven abfragen.

Fragenkataloge können folgende Bereiche abdecken (https://evaluationsplattform.impactunit.de/aboutus):

1. *„Einstellungen der Teilnehmenden gegenüber Wissenschaft:* Evaluationsfragen zu möglichen Wirkungen der Wisskomm[Wissenschaftskommunikations]-Maßnahme bspw. hinsichtlich potenziell gesteigertem Interesse, veränderten Ansichten o. Ä.
2. *Bewertung der Inhalte durch die Teilnehmenden:* Evaluationsfragen zur Wahrnehmung der behandelten Themen.
3. *Bewertung des Erlebnisses durch die Teilnehmenden:* Evaluationsfragen zur Wahrnehmung der Teilnahmeerfahrung.
4. *Beschreibung der Teilnehmenden:* Evaluationsfragen zur Erfassung von Zielgruppen."

Bei manchen Bildungsträgern sind solche Fragebögen verpflichtend im Sinne eines Qualitätsmanagements nach ISO 9001:2015. Dadurch sollen Kundenorientierung erfüllt und Kundenzufriedenheit überwacht werden. Ergebnisse der Evaluationen (z. B. Beschwerden, Rückmeldungen, Nichtkonformitäten) sollten freilich immer in Verbesserungsmaßnahmen münden und keine formale Pflichtübung sein.

Auch informelle Gespräche mit einzelnen Mitwirkenden im Nachgang sind nützlich. Mit Fokusgruppen (Abschn. 3.8) könnte man weiter ins Detail gehen – was deutlich aufwendiger ist, aber bei konkreten Vorhaben zur Weiterentwicklung eines Formats sinnvoll sein könnte.

acatech verwendet für jede Veranstaltung einen sog. Abschlussbogen, um Beobachtungen, Rückmeldungen und Ideen zur Weiterentwicklung festzuhalten. Darin wird Folgendes dokumentiert:

- Inhalte
  - Zielsetzung der einzelnen Veranstaltung
  - Besonderheiten der Referierenden und der Moderation
  - Anzahl und ggf. Zusammensetzung der Teilnehmenden
  - Besonderheiten der Diskussion; evtl. Anzahl an Fragen/Wortmeldungen
- Resonanz
  - Feedback (vor Ort oder z. B. individuelle Rückmeldungen im Nachgang)
  - Resonanz in Medien, Social Media

- Organisatorisches
    - Zielgruppe, z. B. verwendete Verteiler
    - Kommunikation während der Vorbereitung: Kontakte intern/extern, Lokalität, Orga
    - Technik
    - ggf. Besonderheiten (Kooperationspartner, Veranstaltungsort)
- Abschließende Bemerkungen (Was war besonders? Was lernen wir daraus?)

Literatur

1. Farmelo G (2001) Museums and the Public Understanding of Science in the UK. In: Weitze MD (Hrsg) Public Understanding of Science im deutschsprachigen Raum: Die Rolle der Museen. Deutsches Museum, München, S 13–25
2. Niemann P et al. (Hrsg.), Evaluationsmethoden der Wissenschaftskommunikation, https://doi.org/10.1007/978-3-658-39582-7_1

Teil IV

Epilog

11

Mut zum Dialog!

> Im Spannungsfeld von Technik und Gesellschaft gibt es viele Themen, über die wir sprechen müssen. Ob Informationsgespräche oder Plauderei, Meinungsbildung oder Meinungsaustausch – in diesem Buch wurden zahlreiche Dialogformate vorgestellt und dazu angeregt, selbst aktiv zu werden und neue Ideen zu entwickeln. So unterschiedlich die Ziele und Motive sein mögen, Dialogveranstaltungen durchzuführen, so vielfältig die Möglichkeiten auch sind – es werden dabei immer wiederkehrende Herausforderungen und Grenzen dialogischer Kommunikation deutlich, die hier zusammenfassend vorgestellt werden.

Laien sind in Sachen Wissenschaftskommunikation „Berieselung" gewohnt, Fachleute und andere Vertreter der Wissenschaft sind nicht immer bereit, einen „Kontrollverlust" im Rahmen von Dialogaktivitäten zuzulassen. Oft werden „Dialoge" veranstaltet, bei denen die gewünschten Ergebnisse schon im Voraus feststehen oder bestimmte Aspekte tabuisiert werden. Zu große Erwartungen und falsche Versprechungen sind ein weiteres notorisches Problem des Dialogs. Es stellen sich – für Veranstalter und für Teilnehmer – dementsprechend immer wieder die folgenden Fragen:

- Wer setzt die Themen? Welche Themen und welche Perspektiven werden sichtbar und welche nicht? Die Auswahl ist hier bereits Bewertung und definiert: Was ist wichtig? Über was sprechen wir, über was sprechen wir nicht?
- Wer nimmt teil? Dialogveranstaltungen erreichen naturgemäß nur eine begrenzte Anzahl von Teilnehmern im Vergleich etwa zu massenmedialen Kanälen.

- Lässt sich Dialogqualität mit Breitenwirkung kombinieren? Wie lassen sich die einfachen Zugänge und die Breitenwirkung der Social Media nutzen, ohne in deren mitunter dysfunktionale Kommunikationsformen abzurutschen?
- Oftmals wird behauptet, man wolle die „breite Bevölkerung" erreichen. Das ist für alle Formate eine Illusion, und meistens werden Bevölkerungsgruppen ausgeschlossen (etwa solche mit geringer Bildung, Migranten oder Wähler extremer Parteien), die an solchen Veranstaltungen nicht teilnehmen können, wollen oder sollen.
- Die Themensetzungen und Teilnehmerfelder werfen auch diese Punkte auf: Wer stellt Fragen? Immer die gleichen?
- Schließlich die Frage: Was sind die Folgen der Dialoge? Wie hängen diese zusammen mit den Zielen der Initiatoren im Spannungsfeld von interessengeleiteter und gemeinwohlorientierter Wissenschaftskommunikation?

Es gibt auf diese Fragen keine einfachen Antworten, aber es ist bereits einiges gewonnen, wenn Herausforderungen als solche erkannt werden.

Wie im Buch geschildert, kann man diesen Herausforderungen auf der Grundlage zahlreicher Möglichkeiten und eigener Ideen begegnen.

Allerdings sind noch viele Fragen offen, z. B.:

- Wie lassen sich Schnittstellen zwischen Präsenzveranstaltungen und Onlineformaten schaffen?
- Wie kann eine crossmediale Vernetzung gelingen, also die Kombination von synchronem und asynchronem Dialog?
- Welche Bedeutung haben nonverbale und emotionale Elemente, um Dialog zu ermöglichen und zu begünstigen, z. B. Musik, Tanz, Aufstellungen? Inwieweit sind diese anschlussfähig an die Wissenschaftskultur?

Und angesichts der Bedeutung von Kooperationen, die dem Austausch thematischer Impulse dienen und verschiedene Zielgruppen zusammenbinden:

- Wie lassen sich neue Allianzen schließen, neue Zielgruppen erschließen und erreichen?

Eine klare Zielformulierung, reflektierte Methodik und Beratung durch Forschende der Wissenschaftskommunikation könnten Dialoginitiativen weiterentwickeln. Dann kann der Dialog noch besser dazu beitragen, Positionen und Bewertungen aus unterschiedlichen gesellschaftlichen Bereichen mit Respekt zu betrachten, unvoreingenommen zu reflektieren, ernst zu nehmen – und diese Bewertungen in Wissenschaft und Wirtschaft wahrzunehmen und aufzunehmen.

Nun heißt es: Ziele der eigenen Veranstaltungen klären, ausführliche Vorbereitung, Feedback sammeln – üben, neue Ideen entwickeln und ausprobieren. Bei konkreten Fragen, scheinbar unlösbaren Aufgaben oder für allgemeines Feedback: Wenden Sie sich gerne an den Autor.

GPSR Compliance

The European Union's (EU) General Product Safety Regulation (GPSR) is a set of rules that requires consumer products to be safe and our obligations to ensure this.

If you have any concerns about our products, you can contact us on ProductSafety@springernature.com

In case Publisher is established outside the EU, the EU authorized representative is:

Springer Nature Customer Service Center GmbH
Europaplatz 3
69115 Heidelberg, Germany

Batch number: 09507177

Printed by Printforce, the Netherlands